中国颜色

——爱国主义教育示范基地巡礼

ZHONGGUO YANSE
——AIGUO ZHUYI JIAOYU SHIFAN JIDI XUNLI

鄢来勇 刘国强 主编

成都地图出版社
CHENGDU DITU CHUBANSHE

图书在版编目（CIP）数据

中国颜色：爱国主义教育示范基地巡礼 / 成都地图出版社编著. -- 成都：成都地图出版社有限公司,2024.3
ISBN 978-7-5557-2385-1

Ⅰ.①中… Ⅱ.①成… Ⅲ.①革命纪念地—中国—图集 Ⅳ.①K878.22

中国国家版本馆CIP数据核字(2023)第245806号

特约主编： 王 川
主　　编： 鄢来勇 刘国强
责任编辑： 王 颖 陈 红 赖红英
编辑设计： 何 凌 马红文 吴朝香 徐梦影 田 帅
文字撰写： 徐梦影 田 帅 朱凤娇
地图编制： 马红文 刘紫薇 郑茹馨 杨龙娇 李 自
美术设计： 何 凌 刘紫薇 郑茹馨
绘　　画： 李 自
校　　对： 张丹丹
审　　订： 刘国强 张 忠 向贵香

中国颜色——爱国主义教育示范基地巡礼

编制出版发行：成都地图出版社有限公司
社　　址：成都市龙泉驿区建设路2号
印　　刷：东莞市四季印刷有限公司
开　　本：787mm×1092mm 1/8 255mm×300mm
印　　张：18
字　　数：540千字
版 次 印 次：2024年3月第1版 2024年3月第1次印刷
印　　数：1~10000
书　　号：ISBN 978-7-5557-2385-1
审 图 号：GS川（2023）210号
定　　价：128.00元

图例

★ 北京	首都
○ 噶尔	自治州行政中心 地区、盟行政公署驻地
◎ 济南	省级行政中心
○ 莱芜	县级行政中心
⊙ 泰安	地级市行政中心
◦ 周口店	乡、镇
中国人民革命军事博物馆	全国爱国主义教育示范基地
• 鱼子山抗日战争纪念馆	红色遗址遗迹

前言

爱国主义是中华民族的民族心、民族魂，是中华民族最重要的精神财富，是中国人民和中华民族维护民族独立和民族尊严的强大精神动力。它的具象化体现——红色，是最美的中国颜色。

1997年至2021年，中宣部分七批公布了500余个全国爱国主义教育示范基地。这些基地覆盖了各个历史时期的重大历史事件、重要人物和重要革命纪念地，从不同角度记录了中华民族悠久灿烂的历史文化，体现了各族儿女的不屈斗志，展现了中国人民英勇奋斗的壮丽篇章，反映了中国共产党人不忘初心、牢记使命，为中国人民谋幸福、为中华民族谋复兴的伟大奋斗历程，形成了内涵丰富的苏区精神、长征精神、“两弹一星”精神、抗震救灾精神、改革开放精神等共产党人的精神谱系，反映了改革开放和社会主义现代化建设的丰硕成果，日益成为激发爱国热情、凝聚人民力量、弘扬民族精神、传承红色基因的重要场所，是我国重要的历史文化资源。

本书以爱国主义教育示范基地为主线，通过一幅幅地图与画卷来讲述一桩桩惊天动地的历史事件和爱国故事，将新时代爱国主义教育示范基地丰富的历史内涵、承载的主体精神状态与风貌和深远的教育意义生动地展现出来，引导广大青少年把自身的理想同祖国的前途、自己的命运同民族的命运紧密联系在一起，将爱国之情、报国之志融入祖国改革发展的伟大事业之中，融入人民创造历史的伟大奋斗之中。

四川省高等学校人文社科重点研究基地——“四川红色文旅研究中心”教授、博士生导师 王川

目录

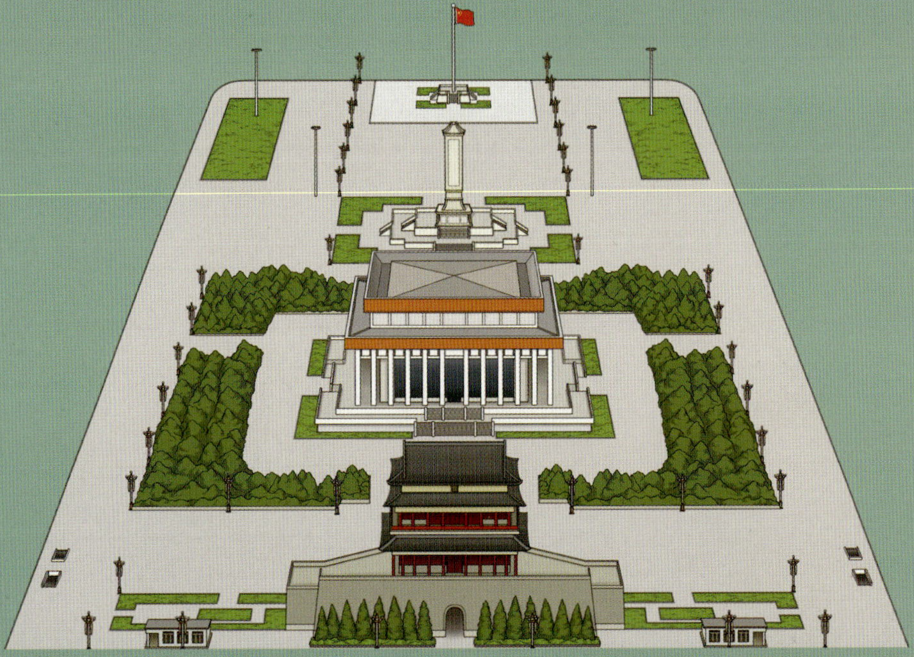

北京市

北京是中华人民共和国的首都，也是一座底蕴深厚的历史文化名城。三千多年的建城史孕育了故宫、八达岭长城、颐和园等众多名胜古迹，八百多年的建都史见证了明清等朝代的兴衰荣辱。

这曾是一片带有悲情色彩的土地，八国联军发动侵华战争、日本帝国主义挑起卢沟桥事变，致使哀鸿遍野、民不聊生；这更是一片充满无限希望的土地，五四运动、一二·九运动在这里为中国现代革命史留下了浓重的色彩，天安门城楼见证了毛泽东主席宣告新中国成立的伟大瞬间。

硝烟散去，记忆永存。冉冉升起的五星红旗，诉说着中国共产党带领中国人民抵御外辱的光辉历程；慷慨激昂的国歌，唱响了中华儿女砥砺奋进的新乐章！

数说北京

1 1988年10月16日，北京正负电子对撞机首次对撞成功。这是中国研制成功的第一台正负电子对撞机。

14 从1931年九一八事变爆发到1945年9月2日日本签署投降书，中国人民经历了长达14年的艰苦卓绝的抗日战争，最终取得了完全胜利。9月3日是中国人民抗日战争胜利纪念日。

56 天安门广场上的国旗基座四周是56个金黄色铜制隔离墩连成的护栏，象征56个民族手拉手、心连心，团结在国旗下。

204 截至2021年底，北京已拥有204家备案博物馆，成为世界上拥有博物馆资源最多的城市之一，是名副其实的“博物馆之都”。

抗战期间，日本侵略者对平北人民实行“三光”政策，给他们带来了深重的灾难。平北军民为反抗侵略，牺牲惨重，仅龙关、赤城两地，每6人中就有1人为国捐躯。

圆明园既是清代大型皇家宫苑，又是一座收藏相当丰富的皇家博物馆，堪称人类文化的宝库之一。不幸的是，它于1860年和1900年分别惨遭英法联军和八国联军的劫掠、焚毁，沦为一片废墟。现在，圆明园部分遗址已修复，成为一座遗址公园。

八达岭长城是中国古代伟大的防御工程万里长城的重要组成部分，史称天下九塞之一，是万里长城的精华。这里地势险峻，居高临下，是古代重要的军事关隘和拱卫北京的重要屏障。

1929年，中国古人类学家裴文中在龙骨山发掘出第一个北京人头盖骨化石，确立了“直立人”阶段的存在。遗憾的是，这块珍贵的化石在卢沟桥事变后不幸遗失，下落成谜。

故宫曾是明朝和清朝的皇宫，由明成祖朱棣始建，先后共有24个皇帝在此办公和居住。如今的故宫早已没有了皇帝，成为了展示宫廷历史遗迹和展览中国古代文物的故宫博物院。

因为战争，故宫的文物分处异地，博物院也正式分为北京故宫博物院和台北故宫博物院。我们相信，终有一天，这份祖国传统文化珍藏终将得以完璧。

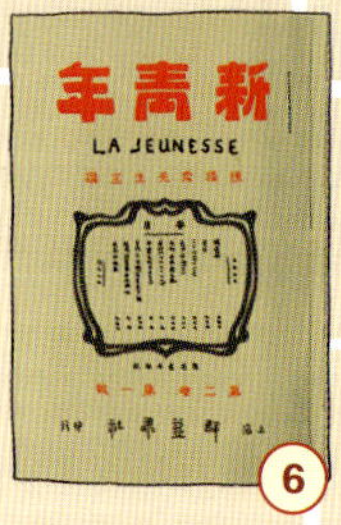

红楼是北京大学旧址的一部分，是新文化运动的大本营、五四运动的发源地和中国共产党的重要发祥地之一，北京新文化运动纪念馆就是在此基础上建立的全国唯一一家全面展示五四新文化运动历史的综合性纪念馆。2014年，该馆与北京鲁迅博物馆合并组建为北京鲁迅博物馆。

汉朝马蹄金

中国钱币博物馆藏品丰富，有古今中外钱币及与钱币有关的其他文物30余万件。其中，汉朝马蹄金和金朝“承安宝货”银铤等钱币世间罕见、价值连城。

国家体育总局训练局荣誉馆反映了中国竞技体育不断发展壮大的历程，彰显了中国体育在国际大赛中取得的骄人战绩，弘扬了以爱国主义为核心的中华体育精神。

走进人物

李大钊

中国国家博物馆编号“0001”的文物——李大钊就义的绞刑架

李大钊从小生活在战乱动荡的年代，备尝生活的艰辛和社会的黑暗，立志要为苦难的中国寻求出路。

1913年，李大钊毕业于天津北洋法政专门学校，1914年前往东京早稻田大学求学。听闻日本向袁世凯政府提出“二十一条”后，李大钊向国内寄发《警告全国父老书》。回国后，他历任《晨钟报》总编辑、北京大学图书馆主任兼经济学教授和《新青年》编辑，积极抨击旧礼教、旧道德，成为新文化运动的主将。

伴随俄国十月革命的胜利，李大钊成为中国最早的马克思主义者和共产主义者，积极领导五四运动，成为中国共产党主要创始人之一，进行了一系列的革命活动。1924年，他作为中共代表团首席代表出席了共产国际第五次代表大会。不幸的是，1927年4月，李大钊被反动军阀抓捕入狱。他受尽严刑拷打，却始终没有屈服，最后被处以绞刑，时年未满38岁。

李大钊勇于探索的进取精神和崇高的革命精神是我们宝贵的精神财富，也是他成为中国共产主义运动先驱和中国共产党主要创始人的根本原因之一。

历史再现

卢沟桥事变

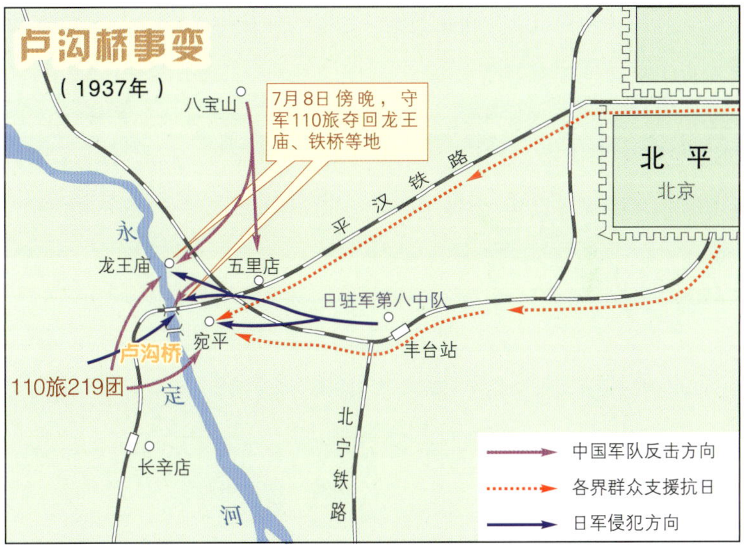

在北京丰台区永定河上，有一座横跨永定河的桥梁，名为“卢沟桥”。这里距北京（北平）仅30里，是拱卫北京（北平）的屏障。

1937年7月7日晚，驻屯在北平南郊的日军在卢沟桥附近进行军事演习。随后，日军借口一名士兵“失踪”，要求进入宛平城搜查，遭到了中国守军的拒绝。阴谋未能得逞，气急败坏的日军向中国守军开枪射击，又炮轰宛平城。中国守军奋起抵抗。这就是震惊中外的“七七事变”，又称“卢沟桥事变”。

卢沟桥事变标志着中国全民族抗战的开始。

天安门广场

位于北京中心的天安门广场，是当今世界上最大的城市中心广场。它的面积约44万平方米，可容纳100万人集会。气势恢宏的天安门城楼坐落在广场北端，五星红旗高高飘扬在广场上空，人民英雄纪念碑屹立在广场中央，壮丽的中国国家博物馆与庄严的人民大会堂在广场东西两侧遥遥相对，毛主席纪念堂和彩绘一新的正阳门城楼矗立在广场南部。

天安门广场雄伟壮观、气势磅礴，是我国举行重大庆典、盛大集会和外事迎宾的重地。它经历了多次大阅兵，见证了新中国的成立和中华民族的复兴之路。

长安街

长安街是中国历史上著名的街道之一，多次举办全国重大庆典活动，素有“十里长街”“神州第一街”之称。

人民大会堂

人民大会堂完全由中国工程技术人员自行设计、施工，仅用10个多月就建成，是中国建筑史上的一大创举。它是全国人民共商国是、国家举行国事外事活动的重要场所，是全国人民代表大会开会地和全国人民代表大会常务委员会的办公场所。

毛主席纪念堂

毛主席纪念堂是以毛泽东同志为首的老一辈无产阶级革命家集体的纪念堂。在这里，安放着毛泽东主席的遗体，是人们举行纪念活动，瞻仰缅怀，参观学习领袖思想与业绩，感悟他们人生风采和人格魅力的重要场所。

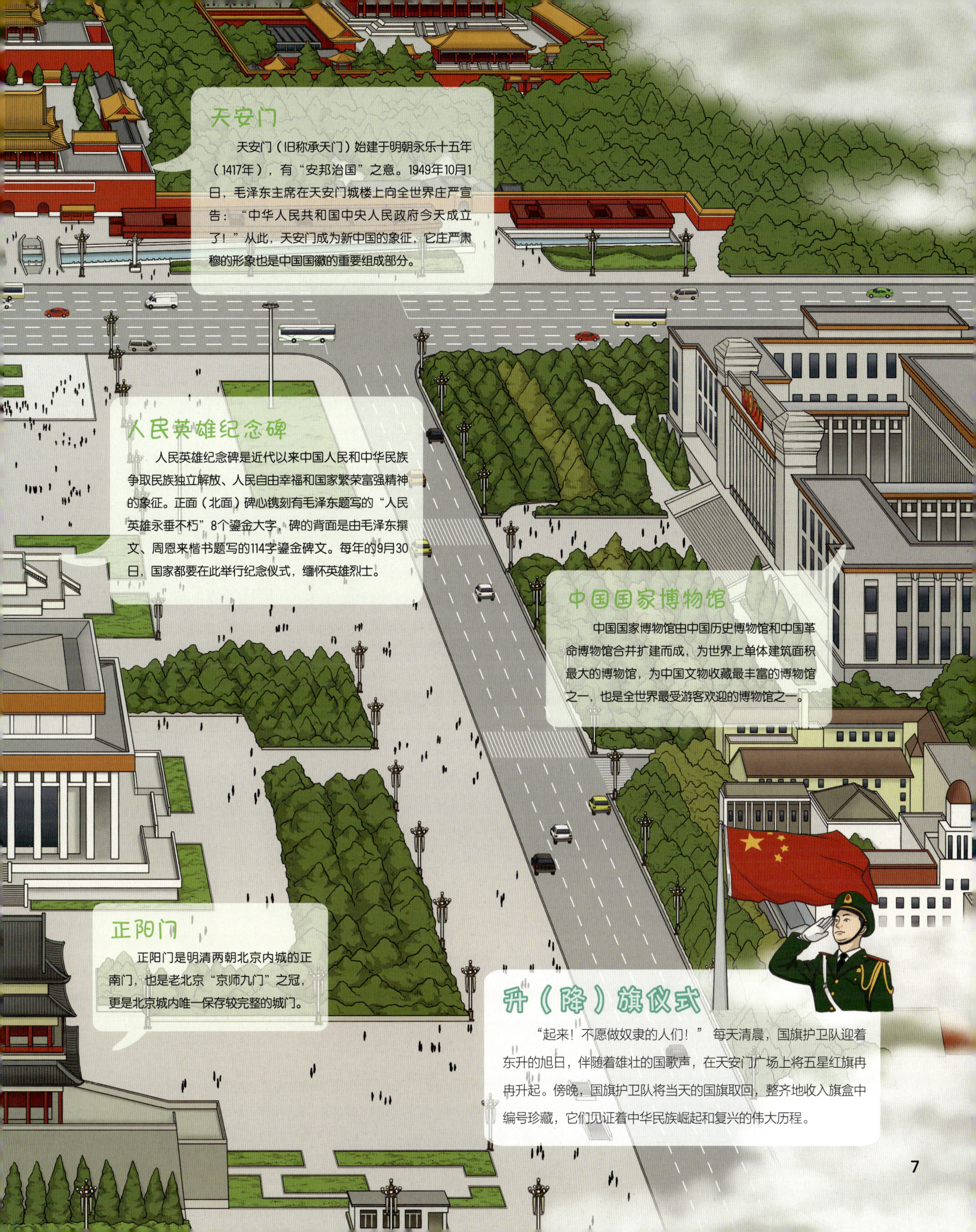

天安门

天安门（旧称承天门）始建于明朝永乐十五年（1417年），有“安邦治国”之意。1949年10月1日，毛泽东主席在天安门城楼上向全世界庄严宣告：“中华人民共和国中央人民政府今天成立了！”从此，天安门成为新中国的象征，它庄严肃穆的形象也是中国国徽的重要组成部分。

人民英雄纪念碑

人民英雄纪念碑是近代以来中国人民和中华民族争取民族独立解放、人民自由幸福和国家繁荣富强精神的象征。正面（北面）碑心镌刻有毛泽东题写的“人民英雄永垂不朽”8个鎏金大字，碑的背面是由毛泽东撰文、周恩来楷书题写的114字鎏金碑文。每年的9月30日，国家都要在此举行纪念仪式，缅怀英雄烈士。

中国国家博物馆

中国国家博物馆由中国历史博物馆和中国革命博物馆合并扩建而成，为世界上单体建筑面积最大的博物馆，为中国文物收藏最丰富的博物馆之一，也是全世界最受游客欢迎的博物馆之一。

正阳门

正阳门是明清两朝北京内城的正南门，也是老北京“京师九门”之冠，更是北京城内唯一保存较完整的城门。

升（降）旗仪式

“起来！不愿做奴隶的人们！”每天清晨，国旗护卫队迎着东升的旭日，伴随着雄壮的国歌声，在天安门广场上将五星红旗冉冉升起。傍晚，国旗护卫队将当天的国旗取回，整齐地收入旗盒中编号珍藏，它们见证着中华民族崛起和复兴的伟大历程。

火烧圆明园

1. 圆明园由圆明、长春、绮春三园组成，是清代规模最大的皇家园林，被誉为“万园之园”。

2. 圆明园内凿湖堆山，种植奇花异木，不仅综合了中西建筑的精华，而且还收藏了不计其数的艺术珍品和图书文物，艺术价值甚高。

3. 第二次鸦片战争期间，英法联军闯入圆明园，进行了大肆抢劫。他们你抢我夺，不仅口袋装得鼓鼓的，就连腰上和脖子上都挂满了珍宝。不能带走的东西，他们则将其全部捣毁。

4. 劫掠过后，英法联军将圆明园付之一炬。大火整整烧了三天，升腾的浓烟弥漫北京城上空，遮天蔽日，久久不散。

5. 偌大的圆明园内仅有二三十座殿宇亭阁及庙宇、官门、值房等建筑幸存，但门窗多有不齐，室内陈设、几案均尽遭劫掠，这座旷世名园只留下了残垣断壁。

6. 1988年，整修后的圆明园遗址公园向社会开放。这座公园是近代以来中华民族荣辱兴衰的缩影，承载着特殊的民族感情。

连环画

北京人头盖骨化石失踪之谜

1. 周口店遗址位于北京城西南房山区境内，它是“北京人”的故乡，也是世界上同时期材料最丰富、最全面、最具代表性的一处古人类遗址。

2. 1921年，瑞典地质学家安特生和美国古生物学家葛利普、奥地利古生物学家师丹斯基在周口店考察时，发现了“北京猿人”遗址。

3. 1929年，裴文中在周口店发现了第一个北京人头盖骨化石，轰动了中外学术界，成为中国古人类学发展史上重要的里程碑。

4. 1941年，日军侵占下的北平的局势越来越紧张。国民政府计划将保存在北平协和医学院的北京人头盖骨化石等，交由美国海军陆战队护送到美国暂存。

5. 1941年12月8日上午，搭载着北京人头盖骨化石的专列抵达秦皇岛，遭到日军突袭，北京人头盖骨从此下落不明。

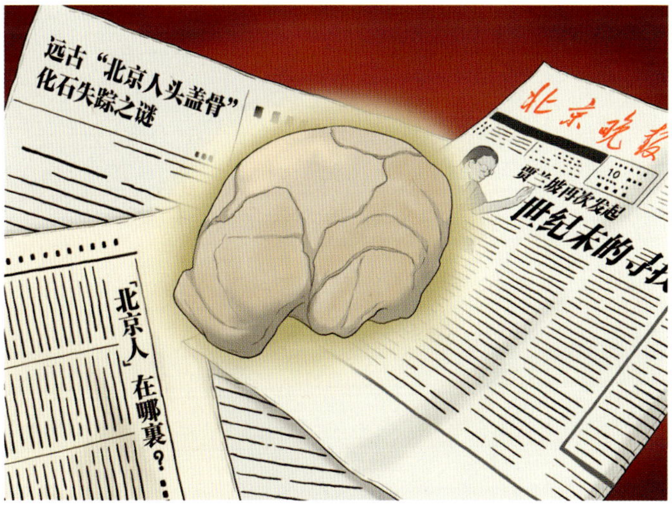

6. 第二次世界大战结束后，美国、中国、日本都开展了对北京人头盖骨化石的寻找工作，但至今仍没有这些珍贵化石的下落。

连环画

人民英雄纪念碑

1. 1949年9月30日，中国人民政治协商会议第一届全体会议通过决议，为纪念在人民革命战争、民族解放战争和民主运动中牺牲的人民英雄建立纪念碑。

2. 1952年8月，人民英雄纪念碑的建造工作在天安门广场上如火如荼地展开了。经过近6年的努力，于1958年建成。

3. 纪念碑的碑心石，重约百吨，是中国建筑史上少有的完整的花岗岩。这块石料由开采地青岛浮山大金顶一带运输到天安门广场，成就了运输史上的经典。

4. 纪念碑通高37.94米。碑身正面镌刻毛泽东题词“人民英雄永垂不朽”8个鎏金大字，背面镌刻由毛泽东撰文、周恩来题写的碑文。

5. 纪念碑的碑座四周，镶嵌着8块巨大的汉白玉浮雕，分别以虎门销烟、金田起义、武昌起义、五四运动、五卅运动、南昌起义、抗日游击战、胜利渡长江为主题。在“胜利渡长江”浮雕的两侧，另有以支援前线、欢迎人民解放军为题的两幅装饰性浮雕。这10幅浮雕生动而概括地表现出中国人民反帝反封建的伟大革命斗争史实。

连环画

天安门广场升（降）旗仪式

1. 国旗是国家的象征和标志，升挂国旗也被赋予了深刻内涵。一年365天，天安门广场上的国旗都与太阳一同升起，寓意着国旗如同太阳，照耀祖国大地。

2. 目前，天安门广场的旗杆含地下部分共32.6米，净高度为30米。而天安门广场的国旗是全国升降的国旗中最大的，旗长为5米，宽3.3米。

3. 每月1日，天安门广场的升旗仪式按126人编队方案实施，其中护旗队员96人、礼兵30人，分别着14式海陆空军礼服。护旗队由前至后依次为国旗组3人，海陆空军分队长3人，海陆空军队员90人编为6路15列行进队形，分准备、迎旗、护旗、升旗和返回5个步骤，全程10分钟。其中，国旗从旗杆底升到杆顶的时长为46秒，分秒不差。

4. 平日升国旗由66人编成，国旗组3人，分队长3人，队员60人编为4路15列，分护旗、升旗和返回3个步骤，全程8分钟。

5. 降国旗全年按66人编队方案实施，列队形式和行进动作与平日升旗仪式相同，不安排军乐团或录音伴奏。

天津市

“近代中国看天津。”在中国近代史上，天津拥有举足轻重的地位，具有优良的革命传统，红色旅游资源丰富。

为了保家卫国，天津人民与日本帝国主义进行了艰苦卓绝的斗争，在中国人民争取民族独立和人民解放的史册上书写了可歌可泣的一页。

穿越历史的云烟走进其中，革命年代隐蔽战线的惊心动魄、解放战争前沿阵地的硝烟烽火等浮现眼前，勾勒出一幅幅可歌可泣的生动图景。

数说天津

1 始建于1895年的北洋大学堂（天津大学的前身）是中国第一所现代大学，它的诞生结束了中国延续一千多年的封建教育的历史，开启了中国近代高等教育的漫漫航程。

2 天津的红色景点集中在两个区域：一个是市内，有民主革命各时期地下党组织和工人运动、学生运动的旧址；另一个是蓟州，蓟州山区有全市最大、最连片的抗战时期的红色基地群。

100 五四运动期间，天津学生联合会邀请周恩来主编《天津学生联合会报》。该报共出版100多期，成为天津乃至全国传播马克思主义的主要刊物之一。

2.3万 天津战役中，解放军以伤亡2.3万人的代价，取得歼灭国民党军13万余人和占领天津的胜利，为和平解放北平（北京）创造了有利条件。

平津战役是解放战争时期中国人民解放军在北平、天津、张家口地区对国民党军队进行的第三个战略性进攻战役，也是战略决战的最后一个大战役。战役从1948年11月29日开始，至1949年1月31日结束，历时64天。解放军以伤亡3.9万人的代价，共歼灭和改编国民党军52万余人，基本上解放了华北全境。

1

2

觉悟社由周恩来、邓颖超等在五四运动时期创办，是当时在国内影响较大的爱国青年进步团体，成为天津反帝爱国运动的领导核心。天津觉悟社纪念馆生动展示了觉悟社成员进行革命活动的战斗历程。

大沽口炮台扼守海上入京咽喉，是中国重要的海防屏障，见证了中华民族抗击侵略、不畏强暴的历史。外国列强为夺取在华的经济利益和政治特权，于1858年、1859年、1860年、1900年先后四次对大沽口发动侵略战争，并威逼清政府签订了一个个不平等条约。昔日威风凛凛的“威”“震”“海”“门”“高”五座炮台，只剩下“威”与“海”两座了。

我是周恩来邓颖超纪念馆最珍贵的文物之一，是国家一级文物，先后盛放过周恩来、邓颖超两位伟人的骨灰。

周恩来邓颖超纪念馆是全国唯一一座为两位伟人合建的纪念馆，展现了“人民总理周恩来”和“20世纪中国妇女运动的先驱——邓颖超”的生平事迹。

河北省

河北地处中原地区，文化博大精深，自古有“燕赵多有慷慨悲歌之士”之称，是英雄辈出的地方。

纵观近代，河北是抵御外侮的前沿阵地。这里涌现了中国共产主义运动先驱李大钊、英勇抗日的“狼牙山五壮士”、回族抗日领袖马本斋等无数英雄豪杰，他们的英勇事迹在中华儿女心中树立起一座座不可磨灭的精神丰碑。虽然战争的硝烟早已散尽，但是我们仍可以从一处处遗址、遗迹中，了解先辈们“革命理想高于天”的信仰，从那段峥嵘岁月中汲取智慧和力量。

1976年7月28日凌晨，唐山市发生7.8级地震，共造成24.2万余人死亡。唐山抗震纪念馆展现了中国共产党带领唐山人民“涅槃重生写传奇，生生不息永向前”的抗震历程。

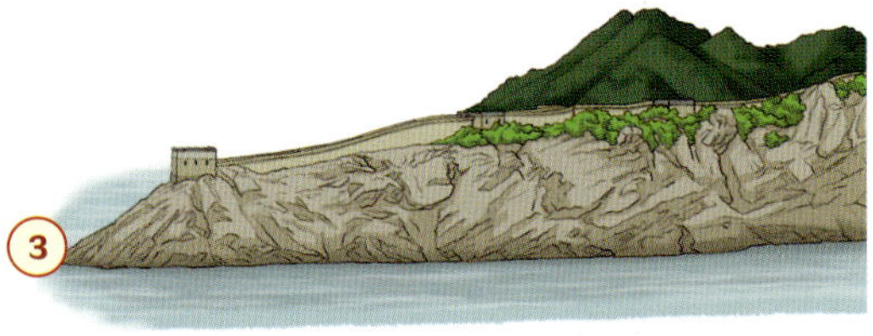

喜峰口是万里长城重要的军事关隘。国民革命军第二十九军曾在此夜袭日军，取得了自九一八事变以来的首次大捷，并由此诞生了著名抗战歌曲《大刀进行曲》，喜峰口长城抗战遗址因此闻名。

数说河北

5 河北易县是“狼牙山五壮士”的跳崖之地。5位英雄为了掩护群众和党政机关转移，同敌人激战后宁死不屈，纵身跳下了悬崖。

16 冉庄地道全长16千米，有东西南北主要干线4条，南北支线13条，东西支线11条。

8、38 乐亭李大钊纪念馆广场上矗立着8根柱子，象征着李大钊在中国革命史上立下的8大功绩；到瞻仰大厅的38级台阶象征着李大钊走过的38年人生岁月。

171万 1933年至1945年，日军对河北进行了野蛮侵略。据统计，河北直接伤亡达171万余人，粮食、房屋、耕地等财产损失也十分惊人。

狼牙山五壮士

涉县是华北抗战的战略要地。抗日战争期间，刘伯承、邓小平率领129师在此战斗生活数年，谱写了“九千将士进涉县，三十万大军出太行”的壮丽篇章。

原129师的将帅们生前心系太行山，死后魂归将军岭。自1986年以后，刘伯承、徐向前、李达、黄镇等将帅的灵骨陆续安放于此，是继北京八宝山之后安放将帅灵骨最多的地方。

历史再现

董存瑞舍身炸碉堡

1948年5月25日，中国人民解放军发起了解放隆化县城的战斗。隆化是国民党在承德的屏障，这里有重兵把守，且工事坚固、地势险要。

第一次总攻很顺利，但第二次总攻时，一阵密集的弹雨向战士们扫射而来。原来，敌军在隆化中学的一座桥上修了暗堡，里面的几挺机枪火力全开。

情况紧急，董存瑞请战去炸碉堡。他挟着炸药包，在队友的掩护下艰难地抵达了桥下。但是，桥离地面有一人多高，他把炸药包往贴近桥身的地方放了两次，都掉了下来。

看着一批批倒下的战友，年仅19岁的董存瑞为了最后的胜利，毅然举起炸药包，拉开了导火索……

一声巨响后，暗堡被炸得粉碎，红旗最终飘扬在隆化城上空。

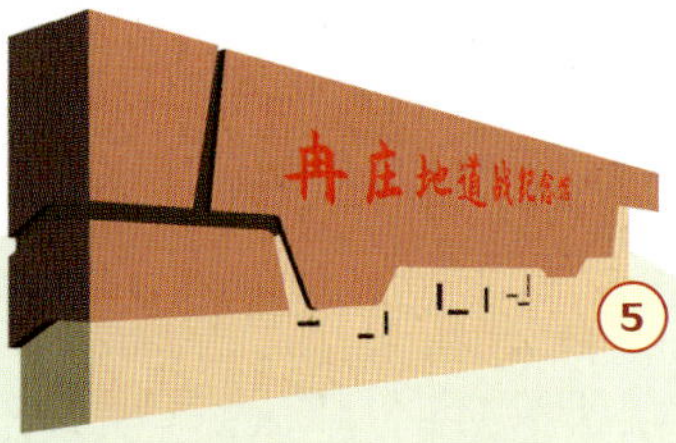

5

地道战是在中国共产党领导下的华北抗日斗争的伟大创举，也是世界战争史上的奇迹。冉庄地道战遗址是中国人民抗击日本侵略者的一处重要战争遗址，冉庄也因此荣获“地道战模范村”的称号，许多影片如《地道战》《烈火金刚》《敌后武工队》《平原游击队》等都在此拍摄。

走进人物

白求恩

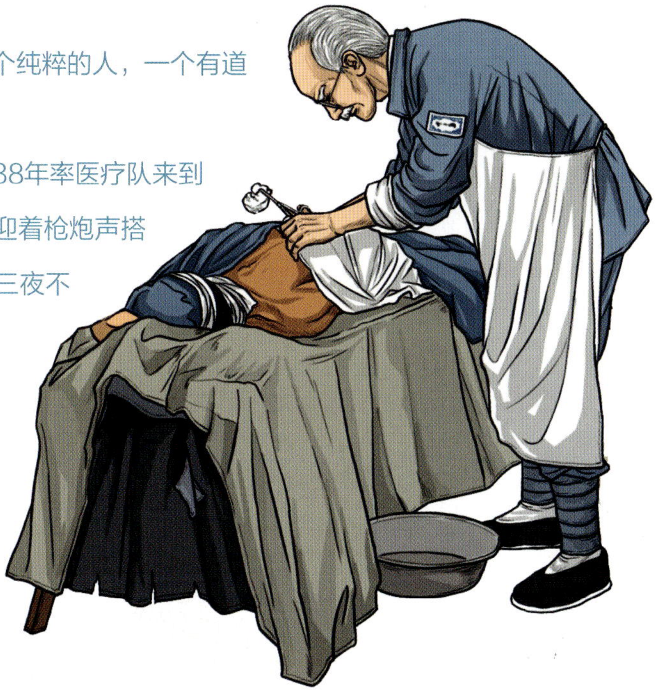

毛泽东在《纪念白求恩》一文中这样描述白求恩：“一个高尚的人，一个纯粹的人，一个有道德的人，一个脱离了低级趣味的人，一个有益于人民的人。”

白求恩，1890年3月3日出生于加拿大，1935年加入加拿大共产党，1938年率医疗队来到中国支援中国抗日战争。他是一位著名的胸外科医师，在中国跋涉数千里，迎着枪炮声搭起战地手术台，施行手术上千例，检查伤员无数。齐会战斗时，他连续三天三夜不休息，69小时做了115例手术，创造了当时战地手术的世界纪录。

1939年10月下旬，白求恩在河北涞源县摩天岭战斗中抢救伤员时左手中指被手术刀割破，后因伤口感染细菌转为败血症。同年11月12日，49岁的白求恩与世长辞。

白求恩的一生，将国际主义精神、救死扶伤的革命人道主义精神和毫不利己、专门利人的共产主义精神展现得淋漓尽致，深深影响着无数中国人。

我是小小讲解员

西柏坡——新中国从这里走来

1948年3—5月，毛泽东、周恩来、任弼时率领中共中央机关，从陕北吴堡县川口东渡黄河，辗转来到西柏坡村。从此，西柏坡就成为当时中国革命的领导中心。

1948年9月8—13日，中共中央在西柏坡召开九月会议；1948年9月—1949年1月，毛泽东、周恩来、朱德等在这里指挥了辽沈、淮海、平津三大战役；1949年3月5—13日，中国共产党在西柏坡召开了具有重要意义的七届二中全会；1949年3月23日，毛泽东率领中共中央机关离开西柏坡，踏上了新的征程。

西柏坡中共中央旧址见证了中国共产党为新中国诞生而努力奋斗的光辉历史。党中央在西柏坡时期的辉煌历史和成功经验，铸就了伟大的西柏坡精神，其内涵是毛泽东提出的“两个务必”——务必使同志们继续地保持谦虚、谨慎、不骄、不躁的作风，务必使同志们继续地保持艰苦奋斗的作风。

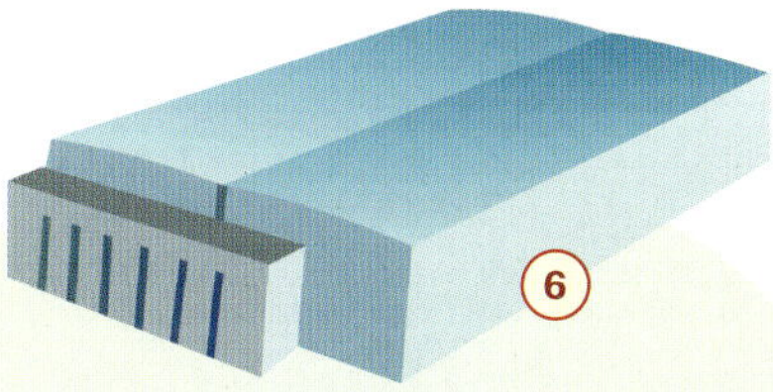

⑥

张北柔性直流电网工程总投资125亿元，助力北京冬奥会实现100%绿色电力。该工程是世界首个真正具有网络特性的直流电网工程，核心技术和关键设备均为世界首创。

山西省

山西是中华文明发祥地之一，迄今为止有文字记载的历史达三千年之久，被誉为“华夏文明摇篮”，素有“中国古代文化博物馆”之称。

山西也是红色文化资源的重要聚集地，革命历史厚重辉煌。在这片红色的土地上，一大批老一辈无产阶级革命家和八路军将帅、文化工作者留下了光辉足迹。他们带领人民群众用鲜血和生命铸就了气贯长虹的“太行精神”“吕梁精神”“右玉精神”等革命老区精神，始终激励着我们攻坚克难，一往无前。

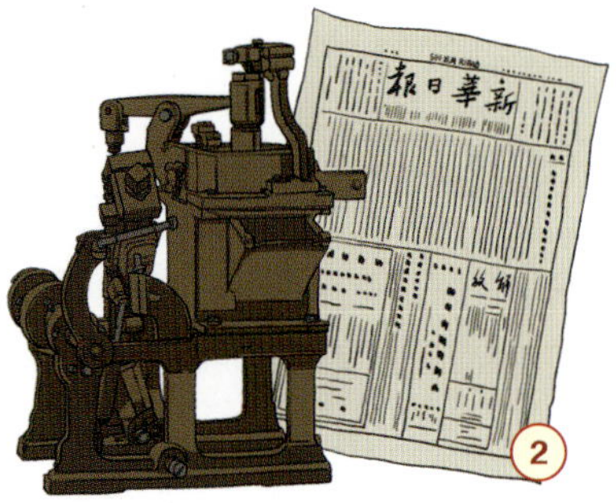

我是来自八路军太行纪念馆的国家一级文物——华北《新华日报》印刷厂使用过的铸字机。我见证了中国共产党在新闻战线上同敌人斗争的峥嵘岁月。

数说山西

3 抗战时期，八路军在山西建立了晋绥、晋察冀、晋冀鲁豫三大抗日根据地，山西成为八路军总部、中共中央北方局及三大主力师所在地。

40、105 百团大战纪念碑主碑高40米，寓意百团大战发生于1940年；三座副碑之间相距105米，寓意参加战役的105个团。

8 我们熟知的八路军是国民革命军第八路军的简称，1937年8月25日由中国工农红军主力部队改编而成，同年9月11日改称国民革命军第十八集团军，是中国共产党直接领导的抗日武装力量。

126 山西国民师范旧址革命活动纪念馆珍藏着一件长126厘米的藏青色粗织毛呢大衣，它是陕甘宁边区人民在抗日根据地进入最困难时期，在党中央“自己动手，丰衣足食”的号召下生产的。

“看吧！千山万壑，铜壁铁墙！抗日的烽火，燃烧在太行山上！”

这首激昂的《在太行山上》回荡在八路军太行纪念馆里。该馆展现了抗日军民在山西境内浴血奋战的历史，是中国唯一一座全面反映八路军抗战历史的大型专题纪念馆。

1937年9月，八路军第115师在平型关一带伏击日军，将日军全部歼灭。平型关大捷是华北战场上中国军队主动寻歼敌人的第一个大胜仗，有力地配合了正面战场的防御作战，打破了日军“不可战胜”的神话。平型关战役遗址包括平型关大捷纪念馆、主战场乔沟、平型关关口遗址等，展现了平型关大捷的历史背景、战斗经过、意义等。

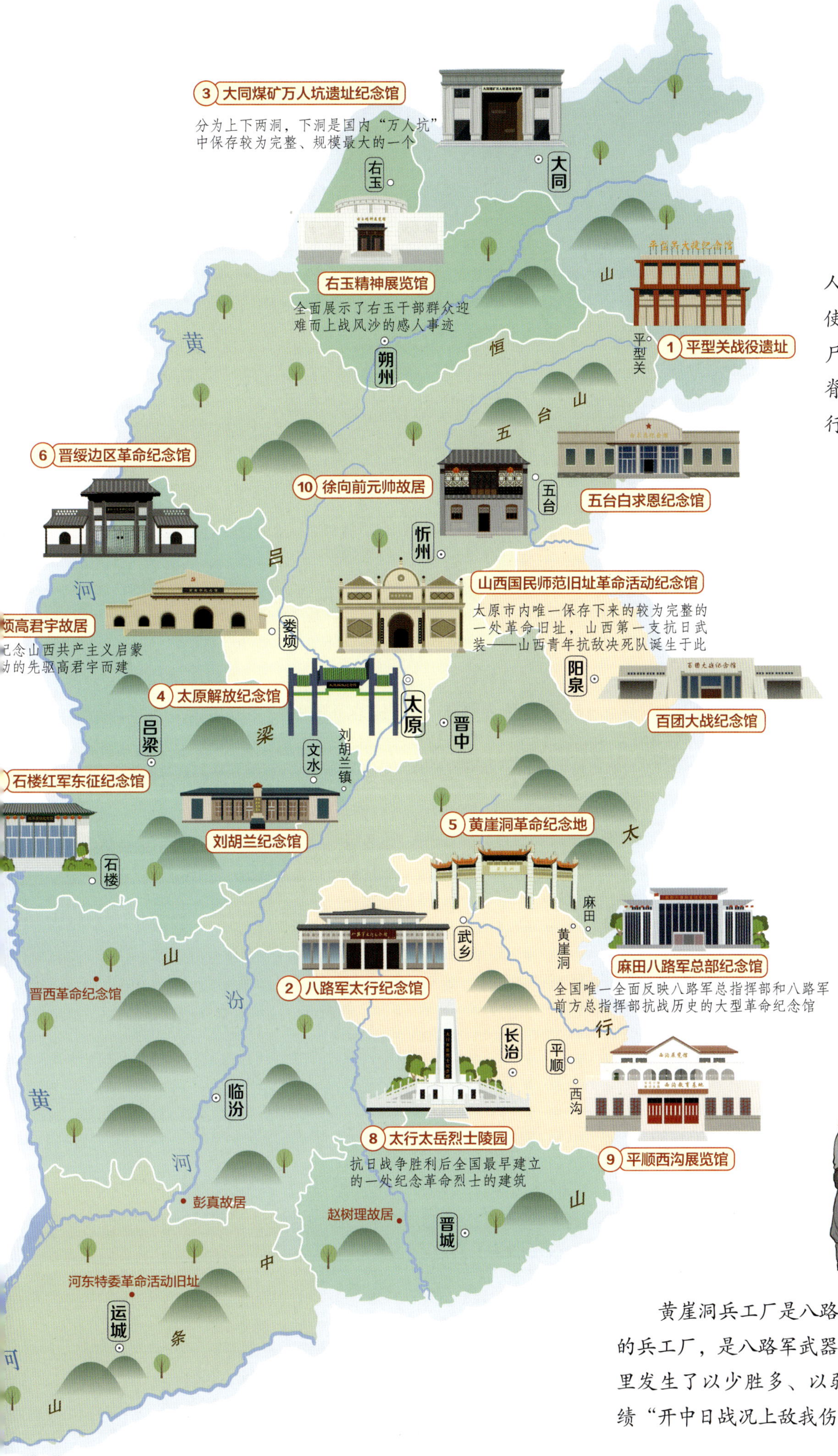

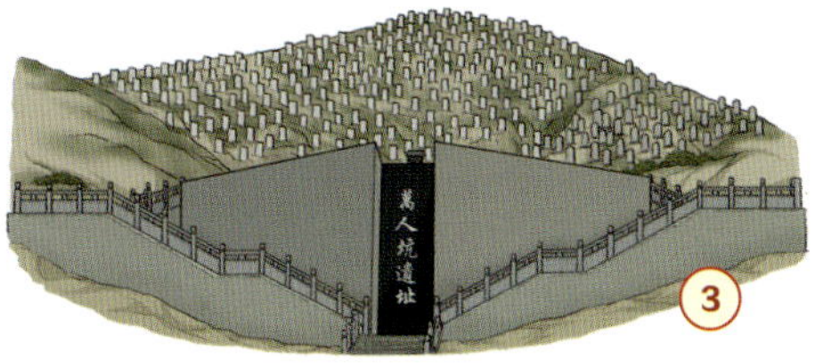

日军侵占大同煤矿8年间，实行“以人换煤”的政策，掠夺煤炭1400万吨，致使6万多名矿工被摧残致死。万人坑内，尸骨层叠，有的被截断双腿，有的被折断脊骨，有的被击穿头颅，有的呈向洞口爬行的姿势，控诉着日军的暴行。

太原战役是解放战争期间，历时最长、战斗最激烈、付出代价最大的城市攻坚战，解放军以伤亡4.5万余人的代价，解放了太原。太原解放纪念馆再现了太原解放的历史全貌，数千名为解放太原捐躯的烈士长眠于此。

黄崖洞兵工厂是八路军在根据地建立的时间最早、规模最大的兵工厂，是八路军武器弹药的主要供给地。为保卫兵工厂，这里发生了以少胜多、以弱胜强的黄崖洞保卫战，以5.3∶1的战绩“开中日战况上敌我伤亡对比空前未有之纪录”。

6

晋绥边区革命纪念馆馆址即原中共中央晋绥分局、晋绥边区政府、晋绥军区司令部旧址，1962年设立为纪念馆。纪念馆收藏有大量的革命文物和历史资料，不少图片实物为全国少有或独有，为研究晋绥革命史提供了有利条件。

7

石楼红军东征纪念馆是一座反映中国工农红军东征抗日历程的专题纪念馆，主要展示了中共中央于1936年2月至5月率领中国人民红军抗日先锋军在三晋大地东征抗日的丰功伟绩。

8

太行太岳烈士陵园中心耸立着太行太岳烈士纪念塔。纪念塔北面正中央“品”字形纪念堂的四周安放着八路军副总参谋长左权、长征时强渡大渡河的十八勇士之一周平烈士以及活捉侵华日军驻山西总顾问铃木川三郎的太行一等杀敌英雄赵亨德等人的骨灰盒。

历史再现

百团大战

1940年8月至1941年1月，八路军在华北对侵华日军发动了一次大规模的进攻，先后参战部队达到105个团20万余人，史称“百团大战”。

全面抗战初期，八路军和新四军在敌后开展游击战争，收复了大片失地，引起日军的极大恐慌。日军实行“囚笼政策”，对抗日根据地进行封锁与蚕食。

为了打破敌人的“囚笼”，八路军主力部队集中兵力，拔除了敌人在华北各主要铁路、公路上的无数据点，摧毁了敌人交通线两侧和抗日根据地内的日伪据点，并粉碎了敌人大规模的报复“扫荡”。

最终，百团大战以八路军取得辉煌胜利而结束。这次战役是八路军在华北地区发动的规模最大、持续时间最长的一场战役，沉重打击了日寇的嚣张气焰，提高了共产党和八路军的威望，鼓舞了中国人民的抗战斗志，遏制了妥协投降的逆流。

平顺西沟展览馆系统展示了全国劳模李顺达、申纪兰带领西沟人民自力更生、艰苦奋斗、建设山区的历程，再现了西沟的变迁。

徐向前，人称“布衣元帅”。他温文尔雅，却善打硬仗，为中国革命的胜利立下了不朽的功勋。徐向前元帅故居展示了这位开国元勋戎马一生的丰功伟绩。

走进人物

刘胡兰

1932年，刘胡兰出生在山西省文水县云周西村（刘胡兰村）一个贫苦农民家庭。全面抗战爆发后，中国共产党领导山西人民开展救亡运动，文水县也成立了抗日民主政府。

十来岁的刘胡兰积极参加村里的抗日儿童团，和小伙伴一起为八路军站岗、放哨、送情报，在前线表现得十分勇敢，不但为伤员包扎伤口，还帮助战士们运送弹药。后来，刘胡兰发动群众斗地主、送公粮、做军鞋，还动员青年报名参军。1946年6月，刘胡兰被正式批准为中国共产党候补党员。

1947年1月12日，不到15岁的刘胡兰被阎锡山的部队和当地地主武装抓捕了。在敌人的威胁面前，她坚贞不屈，大义凛然，毫不畏惧，从容地躺在铡刀下……

刘胡兰牺牲后，毛泽东为她题词：“生的伟大，死的光荣！”她以短暂的青春年华，谱写出永生的诗篇；以不朽的精神，践行着生命的宣言。

内蒙古自治区

内蒙古这片“牧歌声里雄鹰叫，风拂葱茏现牛羊”的美丽土地，哺育了英勇不屈的草原儿女。他们为反抗剥削压迫，求得共同的翻身解放，曾联合起来进行了无数次英勇的反抗斗争。

辛亥革命时期，内蒙古地区的许多爱国进步青年，积极参加孙中山先生领导的推翻腐败清王朝的斗争；1921年中国共产党成立，内蒙古地区的革命成为新民主主义革命的重要组成部分。

九一八事变后，日军侵犯内蒙古东部，蒙汉等各族人民的抗日烈火在这片大地上熊熊燃烧起来。他们为抵御外来侵略和民族解放事业作出的不朽贡献，永远值得被世人铭记。

2

数说内蒙古

1 1947年5月1日，我国第一个少数民族自治区——内蒙古自治区，在解放战争的隆隆炮火声中诞生。

22 包钢一号高炉建设时遇到了设备和建设材料供应不足的难题。为了解决困难，全国22个省市区齐心协力支援建设包钢，终于使一号高炉提前一年建成投产。

30 内蒙古是中国共产党较早领导和开辟革命工作的民族地区之一。经过近30年的光辉历程，共产党领导的内蒙古民族民主革命最终取得胜利。

3000 新中国初期经济十分困难，为了让上海等地被政府收养的几千名孤儿吃饱穿暖，内蒙古先后接纳了3000多名孤儿，并给他们提供了温暖的家，创造了“三千孤儿入内蒙”的历史佳话。

解放战争时期，集宁地区是国共两党在原绥远地区争夺最为激烈、战役规模最大的地区之一。这里曾爆发过三次较大规模的战役，统称为集宁战役，是解放战争时期内蒙古自治区域内参战人数最多、影响最大的战役之一。集宁战役纪念馆向人们全面展示了集宁战役的完整过程和重大意义。

1

11岁的龙梅和不满9岁的妹妹玉荣在放羊途中遇上了暴风雪，为保护集体的羊群，姐妹俩与风雪搏斗了20多个小时……羊群安然无恙，她们却被严重冻伤。草原英雄小姐妹事迹展览馆展现了两姐妹舍身救护集体羊群的感人故事。

乌兰夫是党和国家优秀的领导人、杰出的无产阶级革命家和卓越的民族工作领导人。乌兰夫纪念馆展示了乌兰夫从少年投身革命到为国操劳、鞠躬尽瘁的全过程，也展现了内蒙古自治区的近代民族史、革命史。

内蒙古博物院系统展示了各民族共同缔造的中华民族悠久历史和灿烂文化，展现了各民族团结奋斗、共同繁荣发展的历史进程。国内出土的唯一完整的匈奴王王冠——鹰形顶金冠是这里的镇馆之宝。

鹰形顶金冠

大青山抗日游击根据地是全国19个抗日根据地之一，是陕甘宁边区的北方门户和保卫延安的桥头堡。这里曾发生过艰苦卓绝的游击战争，留下了大青山抗日军民奋勇杀敌、可歌可泣的英雄事迹。

辽宁省

辽宁是东北地区红色文化资源的重要聚集地。翻开风云激荡的红色历史篇章，英雄的辽宁儿女在中国共产党的领导下，用鲜血谱写出可歌可泣、气壮山河的英雄诗篇，留下了大量弥足珍贵的红色记忆。

面对日本侵略者铁蹄的践踏，东北抗日联军和抗日义勇军奋起反抗，英勇战斗；侵朝美军悍然越过“三八线”，把战火烧到中朝边境，中国人民志愿军跨过鸭绿江，和朝鲜人民共同抗击侵略者；雷锋曾在这里做了一火车的好事；铁西工人也曾凭借着自己勤劳的双手为祖国的工业建设添砖加瓦……每个重要的历史时期，这片热土上都留下了许多可歌可泣的光辉事迹和历史记忆，一直激励着人们阔步向前。

鸭绿江断桥是原鸭绿江大桥被美国空军炸毁后的残余部分。中方所剩4孔残桥保留至今，被人们称为“鸭绿江断桥”。桥身上成千上万处弹痕，见证着抗美援朝的战争岁月和中国人民志愿军的英雄事迹。

数说辽宁

214 朝鲜战场上，“狙神”张桃芳在上甘岭阻击战中，用442发子弹，歼敌214名，创造了朝鲜前线我军冷枪杀敌的最高纪录。

1000 “第一炉钢水”“第一枚金属国徽”“第一艘航母”……新中国工业史上，辽宁创造出了1000多项全国“第一”，被誉为“共和国工业长子”。

197653 现已确认的抗美援朝烈士有197653名。这些身在异国他乡的烈士，大部分被安葬在朝鲜。

2万 1894年11月21日，日军进入旅顺城内，对手无寸铁的百姓进行了4天3夜的大屠杀，约2万名中国同胞被残忍杀害，这就是惨绝人寰的旅顺大屠杀。

"九·一八"历史博物馆
国内外迄今为止唯一全面反映九一八事变历史的博物馆
沈阳抗美援朝烈士陵园
沈阳审判日本战犯法庭旧址陈列馆
还原了抗日战争后审判日本战犯的场景
东辽河
昌图县烈士陵园
柳河
法库县二龙山烈士陵园
周恩来同志少年读书旧址——银冈书院
铁岭
航空工业沈飞航空博览园
系统介绍了我国歼击机的发展历程
辽
4 平顶山惨案遗址纪念馆
阜新
阜新万人坑死难矿工纪念馆
东北境内保存最完整、规模最大的一处死难矿工群葬遗址，是日本军国主义掠夺煤炭资源的铁证
努
鲁
抚顺
沈阳
黑山
朝阳
3 抚顺战犯管理所旧址陈列馆
抚顺雷锋纪念馆
河
浑
黑山阻击战烈士陵园
为缅怀在黑山阻击战和辽西围歼战中牺牲的烈士而建
铁西老工业基地展览馆
展现沈阳工业的发展和工人生活
本溪
本溪
河
赵尚志纪念馆
5 辽沈战役纪念馆
凌
盘锦市烈士陵园
太
鞍山
辽阳
子
桓仁
辽宁东北抗日义勇军纪念馆
目前唯一经国家批准的集中展示义勇军史实的纪念场馆
锦州
辽宁东北抗联史实陈列馆
全国抗联史实陈列馆中规模最大、史料最全的陈列馆，生动地再现了东北抗联与日本侵略者英勇斗争的历史
建昌县烈士陵园
河
江
葫芦岛
盘锦
千
哨
宽甸县北山烈士陵园
绿
鞍钢集团博物馆
营口
再现了一代又一代钢铁工人为实现钢铁强国梦想而不懈奋斗的辉煌历程
1 丹东鸭绿江断桥
鸭
葫芦岛市塔山烈士陵园
塔山本来没有塔，是为了纪念辽沈战役塔山阻击战中英勇牺牲的烈士而修筑的一座高大的纪念塔
山
子
河
丹东
抗美援朝纪念馆
瓦房店市博物馆
2 关向应纪念馆
海
金州
岛
群
山
长
旅顺口
大连
黄 海
旅顺日俄监狱旧址博物馆
日俄两个帝国主义国家在我国先后建造的旅顺日俄监狱是帝国主义列强侵华的铁证，它是我国目前保存完整、内涵丰富、规模较大、国际性最强的遗址类博物馆
旅顺万忠墓纪念馆
这座庄严肃穆的纪念馆是为了纪念甲午中日战争中惨遭日军杀害的2万名中国同胞，于1994年甲午中日战争100周年之际而建的

抗美援朝纪念馆

位于鸭绿江畔英华山上的抗美援朝纪念馆被称为“丹东地标”之一。它与朝鲜新义州市隔江相望，是全国唯一一座全面反映震惊世界的抗美援朝战争的专题纪念馆。

抗美援朝纪念馆园区由纪念塔、纪念馆、全景画馆及国防教育园等组成。拾级而上，映入眼帘的是一座高达53米的纪念塔，象征着1953年朝鲜停战协定签订，抗美援朝战争取得伟大胜利。牌楼与塔基之间有5层缓步台，寓意抗美援朝战争运动战时期的5次战役。进馆台阶共由1014块条石砌成，寓意志愿军将士在朝鲜奋战的1014个日日夜夜。

走进纪念馆，一个个英雄战士的光辉事迹让我们深入了解这些“最可爱的人”，珍贵的历史图片和文物为我们全面展示了抗美援朝战争和抗美援朝运动的历史。

中国人民志愿军战歌

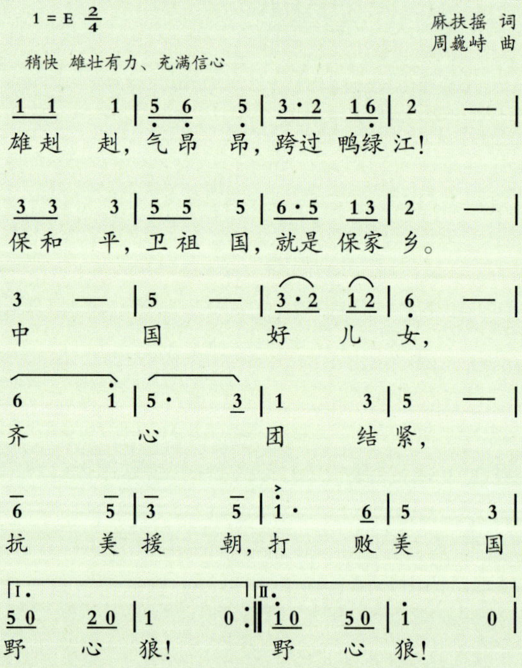

②

关向应是中国工农红军和八路军高级指挥员，他为中国人民的解放事业呕心沥血，鞠躬尽瘁，建立了不朽的功勋。关向应纪念馆向我们展现了关向应革命的一生。

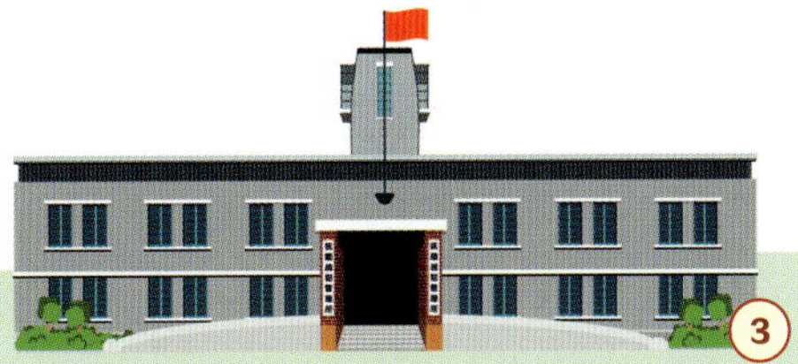

③

抚顺战犯管理所原是日本侵略者为镇压中国人民于1936年修建的一所旧监狱。1950年6月，根据中央指示，将其改建为抚顺战犯管理所，并先后收押、改造了日本战犯、伪满洲国战犯和国民党战犯等。末代皇帝爱新觉罗·溥仪也曾在此接受改造。旧址陈列馆在管理所基础上改建而成。

④

平顶山惨案是九一八事变后，侵华日军对中国进行的第一场针对无辜平民的大屠杀，3000余名无辜百姓惨遭杀戮。平顶山惨案遗址是国内保存最完好的第二次世界大战期间日本帝国主义屠杀中国平民的现场遗址。

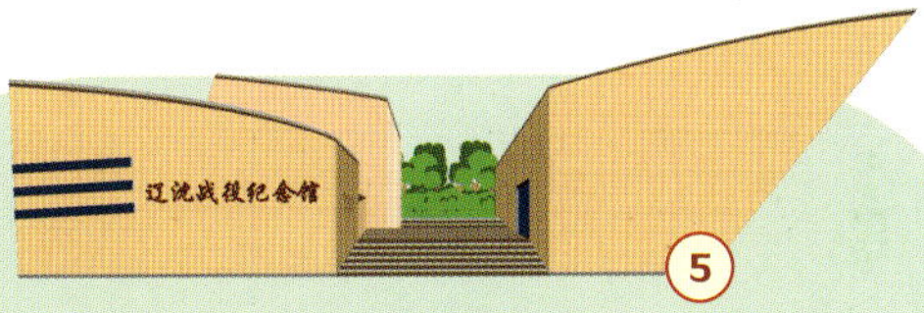

⑤

辽沈战役是解放战争三大战役中的第一个大战役，它的胜利使中国的军事形势出现了转折，改变了长期以来敌强我弱、敌优我劣的基本格局。辽沈战役纪念馆反映了东北解放战争历史，突出展示了辽沈战役的胜利进程。

走进人物

赵尚志

赵尚志曾任东北抗日联军第三军军长、第二路军副总指挥。1908年10月26日，他出生在辽宁省朝阳县王伦乡喇嘛沟一个农民家庭，11岁时随家人迁往哈尔滨。

1925年，赵尚志加入中国共产党。北伐战争时期，赵尚志在东北地区组织和从事反帝反军阀的革命活动。1932年，赵尚志任中共满洲省委军委书记。1933年，赵尚志领导创建珠河反日游击队，任队长。1934年6月任东北反日游击队哈东支队司令，与李兆麟等创建了珠河、汤原抗日游击根据地。1935年起历任东北人民革命军第三军军长、北满抗日联军总司令、东北抗日联军第三军军长、东北抗日联军第二路军副总指挥。

1942年2月12日，赵尚志在战斗中身负重伤后牺牲，年仅34岁。赵尚志为中华民族的解放事业作出了巨大贡献，打得日本侵略者发出了“小小的满洲国，大大的赵尚志”的哀叹。

历史再现

九一八事变

1931年9月18日晚10点20分左右，日本关东军的部分军人经过周密策划，在沈阳北大营南约800米的柳条湖附近引爆炸药，将南满铁路炸开一个口子，并将3具身穿中国士兵服的尸体放在现场。几分钟后，蓄谋已久的日本军队立刻以中国军队炸毁南满铁路为名，向中国东北军驻地北大营发起进攻。震惊中外的九一八事变就此爆发。

面对日军的大举入侵，蒋介石奉行“攘外必先安内”的政策，电令张学良：“无论日本军队此后如何在东北寻衅，我方应予不抵抗，力避冲突。”在不到半年的时间，整个东北100多万平方千米的土地被日军占领，3000万国民沦为亡国奴，陷入水深火热之中。

在民族危亡之际，中国共产党领导的东北抗日义勇军和东北抗日游击队率先举起了抗日救国的旗帜。

九一八事变是中国人民抗日战争的起点，中国人民不屈不挠的局部抗战揭开了世界反法西斯战争的序幕。

从九一八事变开始，中华民族经过整整14年的艰苦抗争，才取得了抗日战争的胜利。

九一八事变向中国人民敲响了警钟。如今，全国各地都会在9月18日这一天鸣响警报，以警示全体中华儿女，铭记历史，勿忘国耻。今天的我们必须奋发图强，让我们的国家不断强大起来，不能让悲剧再次上演。

一寸山河一寸血，硝烟已远，警钟长鸣！

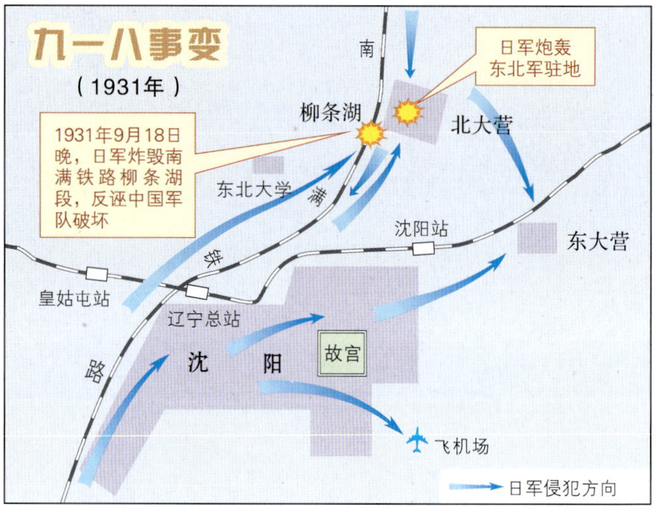

铭记历史 勿忘国耻

连环画

十四年抗战

1. 1931年9月18日，日本关东军突袭中国东北军驻地北大营，炮轰沈阳城，制造九一八事变。从此，中国人民开始了艰苦卓绝的抗战。

2. 1936年12月12日，张学良、杨虎城发动西安事变，逼蒋介石抗日。在中国共产党和各方面努力下，西安事变和平解决，抗日民族统一战线基本形成。

3. 1937年7月7日，日军进攻卢沟桥，制造七七事变，发动全面侵华战争。从此，中国全民族抗战开始。

4. 中国军民奋起抵抗，正面战场和敌后战场有力配合，进行了平型关大捷、太原会战、台儿庄战役等战斗。

5. 1944年，中国共产党领导的敌后战场率先发起局部反攻，取得一系列胜利。

6. 1945年8月15日，日本天皇被迫宣布无条件投降。9月2日，日本政府正式签署投降书。中国人民抗日战争胜利结束。

吉林省

吉林见证了东北沦陷的屈辱历史。在这片白山黑土上，发现了日伪统治时期辽源煤矿矿工横死的尸骨，埋下了以杨靖宇为代表的革命英雄的忠魂，打响了震惊全国的四平战役和“四保临江”战役……悲壮沉重的历史需要我们铭记，未来的重任更需要你我肩负。

数说吉林

7 长春电影制片厂拍摄了中国第一部长故事片《桥》、第一部短故事片《留下他打老蒋》等作品，创造了中国电影史上的7个第一，是新中国电影事业的摇篮。

523 延边是革命烈士之乡，现有523座革命烈士纪念碑，“山山金达莱，村村烈士碑”就是延边革命历史的真实写照。

9 延边革命烈士纪念碑的花环浮雕刻有9朵金达莱花，象征着解放军和延吉8个县市的人民共建边陲。

350万 日本侵占东北后，疯狂掠夺各类资源，于1938年在通化设立了七道沟采矿所。从1939年七道沟铁矿正式开采至1945年日本战败投降，日本共掠走矿石350万余吨。

在这里，可以纵览中国高铁从追赶到领跑的历程，观看“和谐号”动车组、“复兴号”中国标准动车组、京张高铁智能动车组等中国高铁主力车型设计、制造、组装、调试的基本工序和整体流程。

伪满皇宫是中国末代皇帝溥仪充当伪满洲国傀儡皇帝时居住的宫殿。伪满皇宫东部是东北沦陷史陈列馆，馆内的“勿忘‘九一八’——日本侵略中国东北史实”专题展览，展示了东北沦陷的屈辱历史，揭露了日本武力侵占中国东北、炮制傀儡政权、推行法西斯殖民统治的罪行，弘扬了东北人民不屈不挠的民族精神。

1946年12月至1947年4月，东北民主联军四次击退国民党军对临江的进犯，歼敌4万余人，收复城镇11座，迫使国民党军在东北战场由攻势转为守势。“四保临江”烈士陵园就是为纪念战役中牺牲的革命烈士而建。

长白山老黑河遗址是迄今为止在长白山腹地发现的唯一的集日本侵略罪证、抗日根据地为一体的遗存。遗址现场碉堡、战壕、房基等遗迹保存完整，视觉冲击力强，在东北地区不可多得。

“七九式”步枪子弹、日伪时期烧水壶残件和“满洲国专卖总局”油桶

延边革命烈士纪念碑高27.28米，底座高8米，碑身高19.28米，象征延边各族人民从1928年开始在中国共产党的领导下，走上新的革命征途。纪念碑四面红旗代表抗日战争、解放战争、抗美援朝和社会主义革命4个历史时期。

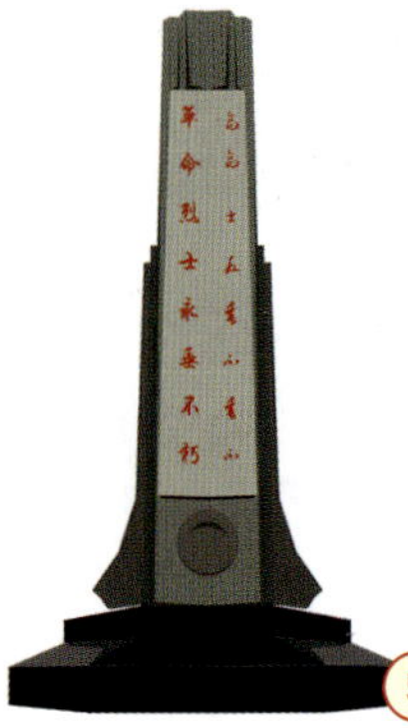

5

6

日伪统治时期辽源煤矿死难矿工文物馆是东北沦陷时期，日本帝国主义在辽源煤矿建立的东城采炭所方家柜埋葬死难矿工的墓地。其中的辽源矿工墓陈列馆，利用现代化的展示手法，再现了日本帝国主义疯狂掠夺我国煤炭资源，残害我国同胞的历史。

白山抗日纪念地是东北抗日联军第一路军总司令杨靖宇将军战斗和殉国的地方，也是当年东北抗日联军坚持斗争时间最长、发生重大历史事件最多、影响最广的一处纪念地。为了纪念这位民族英雄，人们将濛江县更名为靖宇县，并将其殉国地建成了园林式的公园。

7

历史再现

四战四平

四平是东北的军事重镇。1946年3月至1948年3月，中国共产党领导的东北民主联军在四平地区同国民党军进行了四次作战。

这四次作战分别为：第一次是四平解放战，第二次是四平保卫战，第三次是四平攻坚战，第四次是四平收复战。在这四次作战中，国共双方共投入兵力94万余人次，累计作战时间长达63天，国民党军队6.8万余人被歼灭，东北民主联军也牺牲了4万余人，这就是震惊中外的“四战四平”。四战四平是中国共产党领导下的一次重大武装斗争，不仅影响了东北解放战争的战局走向，更奠定了解放东北乃至全中国的重要基础。因此，四平又被誉为“英雄城”。

走进人物

杨靖宇

杨靖宇原名马尚德，1905年2月13日出生在河南省确山县李湾村一个贫困的农民家庭。1919年的五四运动席卷全国，年仅14岁的杨靖宇投身于火热的斗争中；1927年杨靖宇领导确山农民起义，大获全胜；1929年他离开家乡被派到东北，从事党的地下工作。在河南和东北等地进行革命斗争的过程中，他5次被捕入狱，受尽酷刑，但没有服过一次软。

九一八事变后，东北落入日本人手中，杨靖宇在中国共产党的领导下，积极组织抗日队伍，先后担任东北人民革命军第一军独立师师长兼政治委员、南满抗日联军总指挥、东北人民革命军第一军军长兼政治委员、东北抗日联军第一军军长兼政治委员、东北抗日联军第一路军总司令兼政治委员，浴血奋战打击日本侵略者。他采用“敌进我退，敌乱我打”的游击战术，搞得关东军和伪满军十分头疼。于是，日军调集重兵对杨靖宇所部进行攻击。面对日军连续不断的围攻和劝降，身边人有的牺牲有的叛变，直至最后只剩杨靖宇孤身一人。他在绝粮数天之后仍拼死抵抗，于1940年2月23日壮烈牺牲。

日本侵略者剖开了他的遗体，发现他的胃饿得变了形，里面只有尚未消化的草根和棉絮，一粒粮食都没有！这位抗日民族英雄在挫折中愈加奋起、在困苦中勇往直前的精神构筑了穿越时空的精神高地。

我是小小讲解员

吉林市革命烈士陵园

吉林市革命烈士陵园位于吉林市船营区北山公园内，始建于1954年，由烈士陵园、烈士纪念塔、烈士纪念馆三部分组成。走进园内，正中矗立着抗战时期南满省委书记、东北抗日联军第一路军副总司令魏拯民烈士的雕像，两侧安葬着400多位革命烈士、红军、抗日干部和因公牺牲的革命干部和军人。

陵园对面不远处有一座高28米的烈士纪念塔，塔门两侧篆刻着纪念楹联：“烈士长存同朗月，英灵永在共清风”“丹心碧血英名垂史册，松水白山烈士耀江城”。烈士纪念馆展现了29位在抗日战争、解放战争和社会主义建设时期为民族解放、正义事业和吉林建设而献出生命的革命先烈的光辉事迹以及国防建设发展史。其中自然光源大型复原景观——东北抗联长白密营是一大亮点，现场采用声、电、光等现代科学技术，结合自然植物、密营建筑与人物造型融合的艺术形式，再现长白山深处杨靖宇、魏拯民和战士们当时的战斗生活场景。

黑龙江省

俯瞰黑龙江，森林湿地绵延无尽，湖泊星罗棋布，肥沃的寒地黑土上稻花飘香。回顾黑龙江的历史，红色基因早已根植于这块黑土地中。

东北抗日联军的英雄将领，虽然来自四面八方，但对抗列强的决心却一样坚定，捍卫祖国领土的赤胆忠诚绵亘万里。20世纪，数十万计的知识青年和转业军人满怀激情奔向沉睡千年的黑土地，将青春和血汗挥洒在这片土地上。

侦察英雄杨子荣在这里牺牲，“铁人”王进喜的故事在这里流传，青年领袖马骏的精神在这里播种……他们保卫了祖国壮美的山河，留下了一座座不朽的精神丰碑。

数说黑龙江

4 1918年，中东铁路哈尔滨总工厂的中国工人建立了全国最早的工会组织，从1918年到1920年组织了4次中东铁路全路大罢工。

8 “同志们，冲出去！保住手中的枪，抗日到底！”这是冷云等8位抗联女战士对战友喊出的最后嘱托。她们顽强抗击日本侵略者，在弹尽粮绝时，毅然投入滚滚江水，为国捐躯，史称“八女投江”。她们牺牲时，年龄最大的战士23岁，最小的只有13岁。

12 1938年春，李海峰等12名抗联战士在小孤山与400多名日伪军激战时牺牲，用生命为大部队转移争取了宝贵时间。为铭记他们的英勇事迹，这座山更名为“十二烈士山”。

3000 日本731部队表面上是做“水体净化”的部队，但实际上是在做各种人体实验。从创建到解散的十几年间，他们至少试验了8种类型的特种细菌炸弹，残杀中国人、苏联人和蒙古人等至少3000名。

2

马骏纪念馆是为纪念天津觉悟社创始人之一、爱国学生运动领袖、中国革命先驱马骏而建。1927年，马骏受命回国开展秘密活动，但不久被奉系军阀拘捕，1928年2月15日被张作霖杀害，年仅33岁。

1

中华人民共和国成立初期，为恢复国家经济，保障粮食安全，国家决定开垦建设北大荒。北大荒开发建设纪念馆再现了一代代北大荒人，将亘古荒原建设成了万顷良田的辉煌历史。

虎头要塞是侵华日军为了长期霸占中国并进攻苏联，强迫数十万中国劳工秘密修筑的永久性军事工事。侵华日军虎头要塞遗址展示了侵华日军的罪证和第二次世界大战最后一战的历史。

国家一级文物——歼7E风洞试验模型

哈军工纪念馆依托哈军工原有建筑建设，旨在弘扬哈军工文化，展示哈军工历史，揭示哈军工为我国国防科技事业作出的卓越贡献。

珍宝岛自卫反击战中，中国边防部队同入侵苏军激战9个多小时，顶住了苏联边防军的6次炮火急袭，击退了苏联边防军的3次进攻，保卫了祖国的领土珍宝岛。珍宝岛革命烈士陵园中安葬着在此战役中牺牲的68位革命烈士，其中包括5位被中央军委授予“战斗英雄”称号的烈士。

5

6

瑷珲历史陈列馆是一座全面反映俄国逼迫清政府签订《瑷珲条约》，侵占我国大片领土这一历史事件的遗址陈列馆。这一丧权辱国的条约，使瑷珲这个中国内地小城从此变为了边城，也使黑龙江这条中国的内陆河沦为了界河。大量馆藏资料向人们控诉着160多年前俄国的侵略罪行，为一代又一代中国人敲响了勿忘国耻、振兴中华的警钟。

走进人物

王进喜

1923年10月8日，王进喜出生于甘肃玉门赤金堡一个贫困的农民家庭。1938年，15岁的他被拉进玉门油矿当苦力。他的师父非常喜欢他，时常鼓励他。1950年，王进喜通过考试，成为了新中国第一代钻井工人。

1960年，王进喜率领1205钻井队前往大庆开凿石油。经过艰苦奋战，钻井队只用了6天时间便打出了第一口井。然而不幸的是，在之后的施工过程中，一根几百斤重的钻杆掉下来砸伤了王进喜的腿。为了不耽误进程，他带伤指挥大家继续工作。

打第二口井时，王进喜成天拄着拐来回指挥。一天，突然出现井喷现象。情急之下，王进喜扔掉拐杖，跳进泥浆池，用自己的身体搅拌水泥。其他工人在王进喜的带动下，也纷纷跳入泥浆中，最终制服了井喷。

1970年11月15日，王进喜因胃癌医治无效不幸病逝。王进喜以“铁人”般的意志承担起祖国赋予他的使命，为中国石油事业立下了汗马功劳。他身上展现出的“铁人精神”，激励着一代代的石油工人。

我是小小讲解员

东北烈士纪念馆

东北烈士纪念馆是一座西欧古典主义建筑风格的3层楼房，原为东北三省特别区图书馆。日本帝国主义侵占哈尔滨后，这里沦为了日本侵略者及其帮凶残酷镇压中国人民的罪恶场所。不计其数的共产党员和爱国志士在这里遭受残酷刑罚，慷慨就义。著名抗日女英雄赵一曼就曾关押在这里，惨遭刑讯。

1946年哈尔滨解放后，这里被改建为东北烈士纪念馆。大厅正中矗立着的手握长枪、昂首远眺的英雄雕像，正是千千万万个在黑土地上为国捐躯的烈士们的化身。来到抗日战争馆，杨靖宇穿过的大衫、赵尚志用过的手枪、赵一曼写给儿子的遗书等历史资料和遗物，向世人再现了革命英雄们在东北顽强抵抗日本侵略者的艰苦岁月。解放战争馆则展示了中国人民解放军广大将士为解放东北浴血奋战的英雄事迹。

哈尔滨烈士陵园是中国建设最早的陵园之一，收存和安葬着牺牲于抗日战争、解放战争、抗美援朝和社会主义建设时期的208位烈士，其中有中国人民解放军炮兵创始人朱瑞。

历史再现

智取威虎山

解放战争初期，国民党反动派支持的土匪武装疯狂进攻各地新建立的人民政府。因此，解放军决定对东北地区的匪帮余孽进行清剿，臭名远扬的“座山雕”正是清剿的重点对象。

当时，担任侦察班长的杨子荣得知“座山雕”已逃回威虎山，便向团首长提出自己带几个侦察员化装成土匪，打入“座山雕”匪帮内部，里应外合消灭他们。首长同意后，杨子荣乔装一番，以献图为由，打入了威虎山内部。杨子荣来到威虎厅，机智地回应了“座山雕”的试探，并把“座山雕”想得到的“联络图”送给了他，取得了“座山雕”的初步信任。

后来，杨子荣又一次次地化解了“座山雕”的试探。在取得“座山雕”的完全信任后，杨子荣开始了自己的计划。他通过秘密打探，获取了许多重要的情报，然后将搜集到的情报通过乡亲送下山岗。

在“百鸡宴”上，杨子荣把匪徒灌醉，事先准备好的剿匪队及时赶到，将匪徒一网打尽。这一段故事也构成了京剧《智取威虎山》的主要情节。

上海市

上海是中国共产党的诞生地和初心始发地、伟大建党精神孕育地。在这里，中国工人阶级首次以独立的姿态登上历史舞台。无数革命先驱在这里会聚，谱写出中国革命的华丽篇章。

这颗闪耀的东方明珠，是中国革命道路上的灯塔，指引革命者砥砺前行。这里是新文化运动的发祥地，无数将笔杆子当枪使的知识分子唤醒了沉睡的中国人；这里是统一战线和多党合作的策源地，国共合作共同抗日；这里是解放战争时期第二条战线的主阵地，全国学生联合起来进行反抗斗争……

上海是一座有着革命荣光的城市，让我们循着革命前辈的足迹，走进波澜壮阔的历史，重忆峥嵘岁月。

2

新中国成立初期，中国人民解放军上海警备区特务团三营八连奉命进驻上海南京路执勤。面对闹市区的诱惑，八连战士不为所动，全心全意为人民服务。“南京路上好八连”事迹展览馆里永远留下了他们的故事，在此基础上创作的话剧《霓虹灯下的哨兵》使得他们家喻户晓。

数说上海

3 在探索中国革命道路的过程中，上海是城市革命暴动的试验地。1926年秋至1927年春，共产党人发动组织上海工人，连续举行了3次武装起义。

8 1920年8月22日，经陈独秀的倡导，俞秀松等8人在渔阳里成立了中国最早的社会主义青年团。

24 1931年1月17日，“左联”的五位青年作家柔石、殷夫（白莽）、胡也频、李伟森、冯铿被捕，并于同年2月7日深夜被秘密枪杀于上海龙华，与他们同时遇害的还有中国共产党的重要干部林育南、何孟雄等，这就是著名的“龙华二十四烈士”。鲁迅悲愤地写下了《为了忘却的纪念》一文。

290 上海博物馆馆藏西周大克鼎腹内壁有铭文290字，记载了周孝王对大贵族克的任命和大量赏赐物。

陈云故居暨青浦革命历史纪念馆

展示了党和国家领导人陈云的生平业绩

1

中国共产主义青年团诞生之初名为“中国社会主义青年团”，是中国共产党创建时期领导的先进青年的群众组织。在渔阳里旧址基础上筹建的团中央机关旧址纪念馆，生动呈现了中国共青团历史。

黄
海
长
江
口
长
江
崇
明
岛
崇明
余山岛
长
兴
岛
横沙岛
九段沙
东
海
海军上海博览馆
展示了中国海军的诞生、发展历程，该馆馆藏“长江号”是中国海军史上第一艘纪念舰
鲁迅纪念馆
新中国成立后建立的第一个人物类纪念馆
宝山
嘉定
外冈游击队纪念馆
国歌展示馆
中华人民共和国国歌《义勇军进行曲》由田汉作词、聂耳谱曲，原是影片《风云儿女》的主题曲，被称为中华民族解放的号角。国歌展示馆主要展示了国歌创作的背景、过程和影响等
2 “南京路上好八连”事迹展览馆
吴
淞
江
虹口
杨浦
上海
普陀
上海浦东开发开放主题展览馆
浦东新区
记录了浦东开发开放的历史以及改革的丰硕成果
泉山遗址
青浦
长宁
静安
黄浦
徐汇
宋庆龄陵园
上海光源科学研究平台
上海光源开启了观测微观世界的“显微镜”
闵行
上海天文博物馆
渔阳里
松江博物馆
松江区烈士陵园
松江
泖
河
黄
浦
江
1 团中央机关旧址纪念馆
江南造船博物馆
江南造船博物馆是上海唯一一个跨越3个世纪的造船行业大型博物馆，浓缩了1865年江南机器制造总局建立至今约160年的历史，展示了中国近代科技、近代工业和近代国防的发展史
上海博物馆
上海博物馆以方体基座和巨型圆顶相结合，蕴含中国传统文化的“天圆地方”观念。馆内文物收藏包括31个门类，尤以青铜、陶瓷、书画最为突出，重型国宝大克鼎就收藏在这里
奉贤
丹心碧血为人民
上海龙华烈士陵园
龙华曾经是革命志士与反动派斗争的战场，陈延年、赵世炎、罗亦农、陈乔年、彭湃等一批又一批的革命先烈在这里宁死不屈、慷慨就义
中国共产党第一次全国代表大会纪念馆
中共二大会址纪念馆
1922年7月16—23日，中共二大在上海举行，会议通过了《中国共产党宣言》，这是中国共产党第一次公开发表宣言，第一次提出彻底反帝反封建的民主革命纲领
金山
金山卫城日军登陆地点

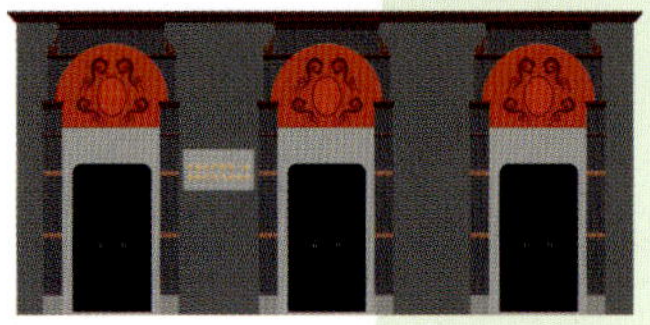

中国共产党第一次全国代表大会纪念馆

中国共产党第一次全国代表大会纪念馆地处上海市黄浦区黄陂南路，由中国共产党第一次全国代表大会会址（简称中共一大会址）、宣誓大厅、新建展馆等部分组成。

修缮改造后的纪念馆在基本陈列展厅内设有“伟大的开端——中国共产党创建历史陈列”展览。该展览以“初心使命”贯穿全篇，分为7个板块，生动展现了中国共产党的诞生历程。

来到纪念馆，最不容错过的就是它的镇馆之宝，包括《新青年》马克思主义研究专号、《共产党宣言》中译本、《共产党》月刊创刊号、陈独秀向共产国际汇报时列举的11本书籍、李大钊使用过的打字机等，这些“有故事”的展品向我们讲述了中国共产党初创时期的峥嵘岁月。

历史再现

中共一大

在一百多年前的上海，有一条由法租界当局修建的路，名叫望志路。这条路上的106号石库门建筑可不简单，因为这里是中共一大的召开地。

1921年7月23日晚，筹备已久的中共一大在望志路106号（今兴业路76号）开幕，来自7个共产党早期组织的13名代表以及共产国际的2位代表出席了会议。会议持续了数天，就党的纲领等问题展开激烈讨论。

30日晚，代表们像往常一样到达会议地点，举行第6次会议。然而，会议刚开始不久，一名陌生男子突然闯进屋里，又谎称找错地方便匆匆离开。代表们立刻警觉起来，拿着重要文件分散转移。

最后，代表们秘密到达浙江嘉兴，在南湖画舫继续讨论。会议通过了中国共产党第一个纲领，成立了党的中央领导机构——中央局，陈独秀当选为中央局书记。

中共一大的召开，宣告了中国共产党的诞生，苦难深重的中国人民从此有了主心骨、领路人。

中共一大参会人员

上海小组：李　达　李汉俊

北京小组：张国焘　刘仁静

长沙小组：毛泽东　何叔衡

武汉小组：董必武　陈潭秋

济南小组：王尽美　邓恩铭

广州小组：陈公博

旅日小组：周佛海

★共产国际派马林和尼克尔斯基出席会议。

★陈独秀当时在广州任职未出席会议，委托包惠僧参加会议。

★大浪淘沙始见金，仅13位中共一大代表中就出现了5位慷慨就义的革命烈士，他们是：王尽美（1898—1925）、李汉俊（1890—1927）、邓恩铭（1901—1931）、何叔衡（1875—1935）、陈潭秋（1896—1943）。

伟大建党精神

坚持真理、坚守理想，
践行初心、担当使命，
不怕牺牲、英勇斗争，
对党忠诚、不负人民。

宋庆龄

走进人物

1893年1月27日，一位不平凡的女性在上海出生，她就是被赞誉为“中华民族的骄傲”“国之瑰宝”的宋庆龄。

她7岁就读上海中西女塾，后来赴美留学，期间接受了民主主义的洗礼。1915年，她与孙中山结婚，从此与他一起踏上了革命之旅。

在将近70年的革命事业中，宋庆龄为祖国和平统一而奔波，为国共第二次合作牵线搭桥，与蔡元培等在上海组织“中国民权保障同盟”，发起组织“保卫中国同盟”……她把毕生精力献给中国人民民主和社会主义事业，献给世界和平和人类进步事业。

1981年5月29日，中华人民共和国名誉主席、共产主义的伟大战士宋庆龄在北京逝世。

江苏省

江苏，地处美丽富饶的长江三角洲，历史文化悠久。1912年1月1日，中华民国临时政府在南京成立。抗日战争爆发后，为挽救民族危亡，国共两党建立抗日民族统一战线，成立新四军共同抗击侵略者。解放战争时期，江苏成为淮海战役、渡江战役等战略决战的重要战场。在血雨腥风、战火纷飞的革命岁月，无数共产党人和革命志士在这里抛洒热血，英勇牺牲，谱写了气壮山河的壮丽诗篇，为夺取新民主主义革命的最终胜利建立了卓越功勋。

数说江苏

1 《南京条约》是中国近代史上第一个不平等条约，共向英国赔款2100万银元。

8 中山陵从牌坊开始，上达祭堂，共有石阶392级，代表着当时中国三亿九千两百万同胞；8个平台，象征着三民主义五权宪法。

1519 从1927年蒋介石发动四一二反革命政变到1949年新中国成立前夕，雨花台成了国民党反动派屠杀共产党人和爱国人士的刑场，无数共产党员、革命志士、爱国人士在此被杀害，留下姓名的烈士就有1519名。

55.5万 三大战役中，淮海战役是歼敌最多的一场战役，共歼灭国民党军队55.5万人。

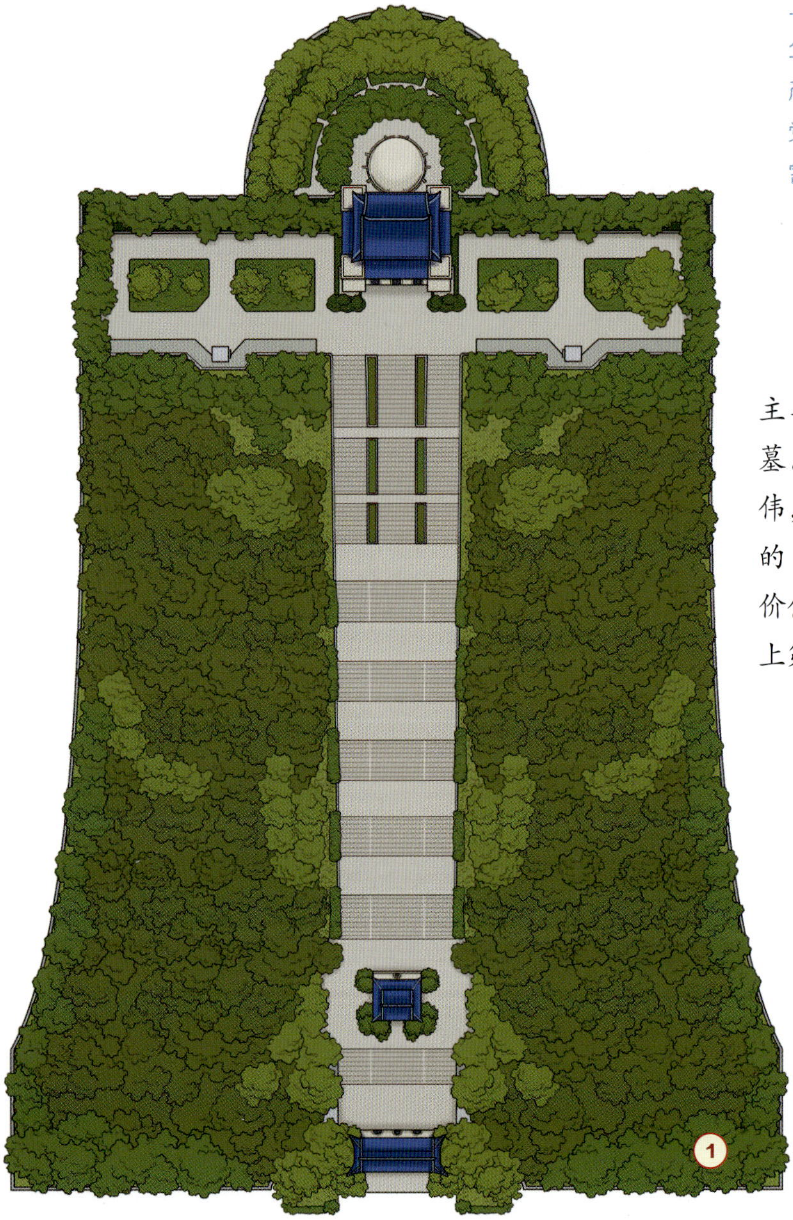

中山陵是中国近代伟大的民主革命先行者孙中山先生的陵墓。中山陵依山而筑，气势雄伟，从空中往下看，像一座平卧的“自由钟”，有着极高的艺术价值，被誉为“中国近代建筑史上第一陵”。

杨根思是新中国第一位特等功臣、特级战斗英雄。1950年11月29日，杨根思在坚守长津湖的战斗中，毅然决然抱起炸药包冲向敌群，与敌人同归于尽，年仅28岁。

1946年7月13日至8月27日，华中野战军在粟裕、谭震林的指挥下，以3万兵力迎击美式装备的国民党军12万之众，一个半月内七战七捷，歼敌53000余人，取得苏中战役的伟大胜利。

泰兴黄桥革命历史纪念地再现了黄桥战役波澜壮阔的历史。这场战役中，新四军歼敌1.1万余人，创造了以少胜多的光辉范例，实现了新四军与八路军的胜利会师，打开了华中抗战的新局面。

新四军纪念馆是全面、系统地反映新四军抗战征程的综合性纪念馆，是全国唯一的新四军纪念馆。馆藏的新四军抗战文物、史料、藏品、书画作品等10000余件（幅），再现了新四军坚持华中敌后浴血奋战的艰苦斗争历程。在抗日战争中，新四军共对敌作战2.46万余次，歼敌47万余人，有力地配合了正面战场国民党军的作战行动。

历史再现

《南京条约》

1842年，清政府在鸦片战争中战败，被迫与英国签订了中国近代史上第一个不平等条约——中英《南京条约》。《南京条约》的主要内容有：开放广州、福州、厦门、宁波、上海五处为通商口岸；割香港岛给英国；赔款2100万银元；英商进出口货物应纳税款，必须经过双方协议。

《南京条约》史料陈列馆向人们展示了英国侵略中国，腐败的清政府屈膝求和、割地赔款这一屈辱的一幕。馆内的条约陈列室，陈列着我国近代与外国政府签订的1100多个条约，其中大部分是不平等条约。所有这些，时刻在警示我们应牢记“落后就要挨打”的历史教训。

我是小小讲解员

侵华日军南京大屠杀遇难同胞纪念馆

侵华日军南京大屠杀遇难同胞纪念馆是中国唯一一座有关侵华日军南京大屠杀的专史陈列馆及国家公祭日主办地，建立在当年侵华日军江东门集体大屠杀遗址（“万人坑”）之上。纪念馆正面石壁上的馆名由邓小平亲笔题写，迎面可见用中、英、日三种文字镌刻的一组黑色大字——遇难者300000，令人触目惊心。

纪念馆通过大量图片与实物，揭示了侵华日军在南京犯下的滔天罪行，表达了中国人民反对战争、热爱和平的心声。

为悼念南京大屠杀死难者和所有在日本帝国主义侵华战争期间惨遭日本侵略者杀戮的死难同胞，2014年，国家将每年的12月13日设为南京大屠杀死难者国家公祭日，表明中国人民反对侵略战争、捍卫人类尊严、维护世界和平的坚定立场。

历史再现

南京大屠杀

1937年12月13日，侵华日军攻陷南京，随即对中国被俘士兵和无辜平民展开了长达6周的烧、杀、淫、掠，甚至还出现了骇人听闻的“杀人竞赛”。这段触目惊心的历史被称为“南京大屠杀”，它造成我国30多万同胞遇难，南京1/3的房屋被毁，几乎所有的商店被抢劫一空。六朝古都南京遭受了一场空前的灾难，变成了一座“人间地狱”。

至于日军杀人的手段，除枪杀外，还有砍头、劈脑、剖腹、活埋、火烧、水淹、肢解四肢等，可以说是无所不用其极。成千上万的难民战俘，有的被日军浇上汽油，活活烧死；有的被剥光衣服推入长江冰水中，生生冻死；有的被绑在电线杆上，再在下面放火，慢慢烧死……丧尽天良，闻所未闻。

南京大屠杀是侵华日军对中国人民犯下的滔天罪行，充分暴露了其凶恶残暴的侵略本质。

历史再现

淮海战役
——小推车推出来的胜利

淮海战役是三大战役中解放军牺牲最重、歼敌数量最多、政治影响最大、战争样式最复杂的战役。

1948年11月6日，中原野战军与华东野战军在以徐州为中心的广大地区发起淮海战役。经过三个阶段的战斗，1949年1月10日，淮海战役胜利结束。

淮海战役的胜利，使长江以北的华东、中原地区基本上获得解放，使国民党反动统治的中心地带南京、上海直接暴露在解放军的铁拳面前，为解放军渡江作战奠定了基础。

在淮海战役中，广大人民群众纷纷支前：88万余辆推车、20.6万副担架、30.5万副挑子、543万支前民工……因此，陈毅元帅曾深情并形象地说道："淮海战役的胜利是人民群众用小推车推出来的。"

阶段	时间	战果
第一阶段	1948年11月6—22日	人民解放军歼灭黄百韬兵团，攻克宿县，完成对徐州的包围
第二阶段	1948年11月23日—12月15日	人民解放军歼灭黄维兵团，合围杜聿明集团
第三阶段	1948年12月16日—1949年1月10日	全歼杜聿明集团

沙家浜

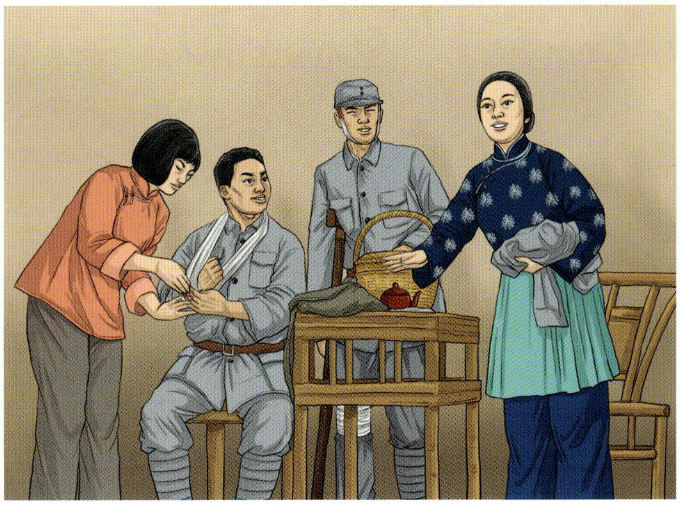

1. 抗日战争时期，新四军某部奉命西撤，留下了十余名伤病员在沙家浜养伤，由阿庆嫂等人负责接应、照顾。

2. 这天，日寇来“扫荡”了。阿庆嫂匆匆跑来告诉新四军伤病员这一消息，并让他们到芦苇荡暂避。日寇在沙家浜“扫荡”了三天，什么也没有找到。

3. 谁知，日寇刚走，与日寇勾结的刁德一等人又来了。面对敌人的威逼利诱，阿庆嫂机智应对，并通过敌人的枪声向新四军伤病员传递信息。

4. 芦苇荡中的新四军伤病员听到枪声，密切注意着沙家浜的情况。阿庆嫂等则紧急谋划，派沙四龙悄悄去帮助伤病员们转移。

5. 刁德一等人当着阿庆嫂的面拷问沙奶奶等革命群众。大家毫不屈服，沙奶奶更是痛斥敌人，阿庆嫂则趁机了解了敌人司令部的情况。

6. 新四军打回来了，他们直插沙家浜，活捉了刁德一等人。红旗随风招展，沙家浜重新回到了人民手中。

浙江省

翻开风云激荡的红色篇章，浙江这片满是红色基因的热土上，每座山都有故事，每条河都有传奇。这块美丽的土地曾经饱受蹂躏，鸦片战争的硝烟刚刚散去，日本帝国主义又发动侵华战争。这块土地也见证了中国历史上开天辟地的大事变，嘉兴南湖的那艘红船成为中国共产党梦想起航的地方。

在漫长的斗争岁月里，中国共产党领导浙江军民奋勇拼搏，用生命和鲜血换来了革命的胜利。

数说浙江

1 中国共产党第一次全国代表大会于最后1天转移到浙江嘉兴南湖的一艘游船上进行。

9 浙江解放前，11位省委书记（代理书记）中有9位为革命壮烈牺牲。王家谟是9人中年纪最小的一位，就义时年仅21岁。

3 在中国革命战争时期，浙江陆续建立了3个比较有影响力的革命根据地：以丽水为中心的浙西南革命根据地、以温州平阳为中心的浙南革命根据地和以宁波四明山为中心的浙东革命根据地。

800万 鲁迅一生写下了800万余字的著译，《呐喊》《彷徨》《野草》《朝花夕拾》等作品被翻译成英、俄、德、法等多种文字，享誉全球。

河姆渡遗址是长江流域最重要的新石器时代文化遗址之一。河姆渡遗址博物馆展示了7000年前河姆渡先民干栏式住房、农业生产、狩猎等场景，是研究和保存河姆渡遗址文化的遗址性博物馆。

1921年，中共一大由上海转移到浙江嘉兴南湖一艘游船上继续举行并闭幕。这条普通的游船，也因此获得了一个永载中国革命史册的名字——红船。

大禹是华夏族在神州大地奠基立国的一位伟大先祖，其杰出的治水和治国贡献对中国历史的演进和发展产生了深远的影响。相传，大禹陵是大禹的葬地。大禹陵祭典的制度和礼仪，蕴含了丰富多彩的民族传统文化信息。

1955年1月，解放军首次采用陆、海、空三军联合作战战术，一举攻克一江山岛。这次战斗标志着解放军现代化作战样式的发展和战斗力的提升，是解放军战史上一个具有划时代意义的里程碑。

5

新四军苏浙军区纪念馆生动再现了当年新四军苏浙军区广大军民可歌可泣的光辉业绩，讴歌了粟裕、叶飞等将军的卓著功勋。纪念馆辖管的新四军苏浙军区旧址，是中国江南抗战时期保存下来的最为完整、内涵丰富且规模最大的一处革命旧址群。

6

侵浙日军投降仪式旧址和千人坑遗址见证了日本帝国主义的侵华暴行，表现了中华民族不屈不挠反抗侵略的斗争精神和取得的伟大胜利。为了纪念侵浙日军投降这一事件，1950年长新乡改名为受降乡。

历史再现

良渚古城遗址

良渚文化主要分布在钱塘江流域和太湖流域，而遗址分布最密集的地区则在钱塘江流域的东北部和东部。良渚文化的玉器达到了中国史前玉器发展的顶峰，墓葬中出土的玉器包含璧、琮、冠形器、玉镯、柱形玉器和玉钺等诸多器型。此外，良渚陶器也相当细致。

良渚遗址是人类早期文化遗址之一，是实证中华五千年文明史的圣地，是良渚社会的政治、经济、宗教和文化中心。

良渚古城遗址是良渚遗址的核心，是长江下游地区首次发现的新石器时代城址，也是中国最大的史前城址之一，被誉为“中华第一城”。这里出土的玉器无论是文化内涵还是制作技艺，特别是反山墓地“琮王”所展现的经典纹饰——神人兽面纹，都表现出中国两河流域农耕文明的信仰特征。它的外围水利系统是迄今所知中国最早的大型水利工程，也是世界最早的水坝系统。

走进人物

鲁迅

鲁迅原名周樟寿，后改名周树人，1881年出生在绍兴东昌坊口一个封建士大夫家庭，12岁时在三味书屋读书，后因祖父入狱、父亲病故，家道中落。1898年，鲁迅离开故乡，考入南京江南水师学堂，第二年改入矿务铁路学堂。1902年，鲁迅赴日本留学，师从藤野先生学习医学。1906年，鲁迅有感于国内同胞的愚弱，认识到改变国民性的重要，便毅然弃医从文，以笔作为自己救国救民的战斗武器。

1918年5月，他首次以“鲁迅”为笔名，发表中国现代文学史上第一篇白话小说《狂人日记》，奠定了新文学运动的基石。后来他又陆续创作出版了《呐喊》《坟》《朝花夕拾》《华盖集》等作品集，表现出强烈的爱国主义精神和彻底的民主主义的思想特色。1936年10月19日，鲁迅病逝于上海。

毛泽东曾评价：“鲁迅的方向，就是中华民族新文化的方向。”鲁迅以笔代戈，战斗一生，他的政治远见、斗争精神和牺牲精神，值得世人铭记。“横眉冷对千夫指，俯首甘为孺子牛”是他一生的真实写照。

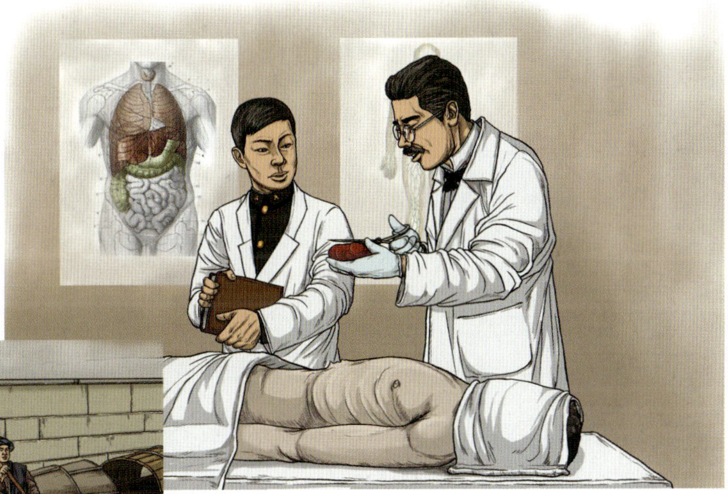

鲁迅在日本学习医学

鲁迅弃医回国

鲁迅陆续创作出版了《呐喊》《彷徨》等作品集

安徽省

安徽是重要的革命根据地，中国革命的各个历史时期都在这里谱写了可歌可泣的壮丽篇章，建立了彪炳史册的不朽功勋。

皖西，是鄂豫皖革命根据地的重要组成部分和刘邓大军千里跃进大别山的红色热土，红色“将军县”金寨享誉全国；苏皖交界的滁州来安，新四军在这里取得半塔保卫战的胜利，奠定了淮南抗日根据地的基础；皖南，新四军军部旧址纪念馆、皖南事变烈士陵园在泾县巍然而立；皖北曾是淮海战役的主战场，淮北市的双堆集烈士陵园见证了来之不易的胜利……江淮大地一处处红色遗迹，就是一座座不朽的历史丰碑。

数说安徽

18 1978年12月，凤阳县小岗村18位农民以“托孤”的方式，在土地承包责任书上按下红手印，中国农村改革的大幕就此拉开。

68 安徽革命历史文化底蕴深厚，共有革命老区县68个，占全省县市区的64%。

3400 安徽是渡江战役的指挥中心和前沿阵地，仅安徽无为县就有3400多名优秀水手参加渡江战役。老百姓用小木船，划出了渡江战役的胜利。

200万 “最后一粒米当军粮，最后一块布做军装，最后一个儿子送战场。”革命年代，大别山区200万余人民投身革命，近100万人为国捐躯。

1949年4月，人民解放军百万雄师兵分三路，横渡长江，占领南京，宣告了国民党反动统治的覆灭。

渡江战役纪念馆是中国规模最大、收藏史料最全的纪念渡江战役辉煌历史的专题场馆。其馆身犹如两艘雄伟战舰并排行驶在浩瀚的水面，直指南方的长江，馆身与地面成49度角向上扬起，象征着1949年渡江战役的胜利。

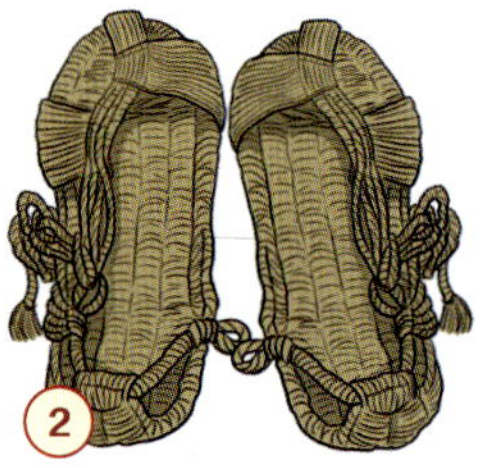

2

谭震林的线编草鞋
（国家一级文物）

1949年3月底，陈毅、邓小平等率渡江战役总前委机关进驻肥东县瑶岗村，指挥了震惊中外的渡江战役。渡江战役总前委旧址纪念馆展现了渡江战役的历史概况及总前委、华东局在瑶岗的工作情况。

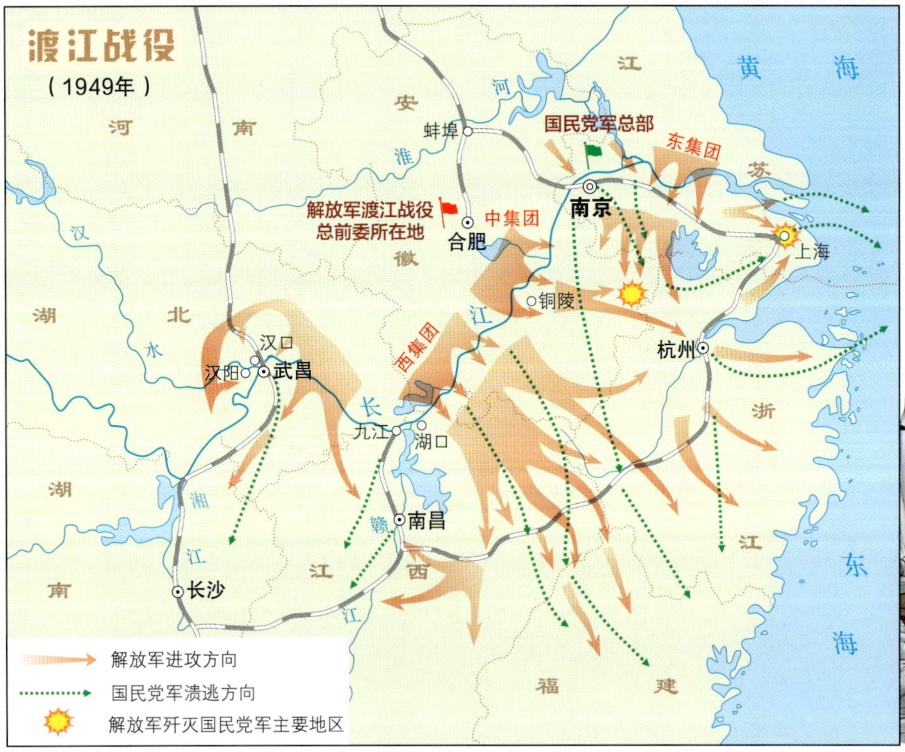

合肥蜀山烈士陵园是安徽省规模较大的烈士陵园之一，展示了陈延年、陈乔年、戴安澜、许继慎、罗炳辉、彭雪枫等50000多名安徽籍烈士的丰功伟绩和英名。

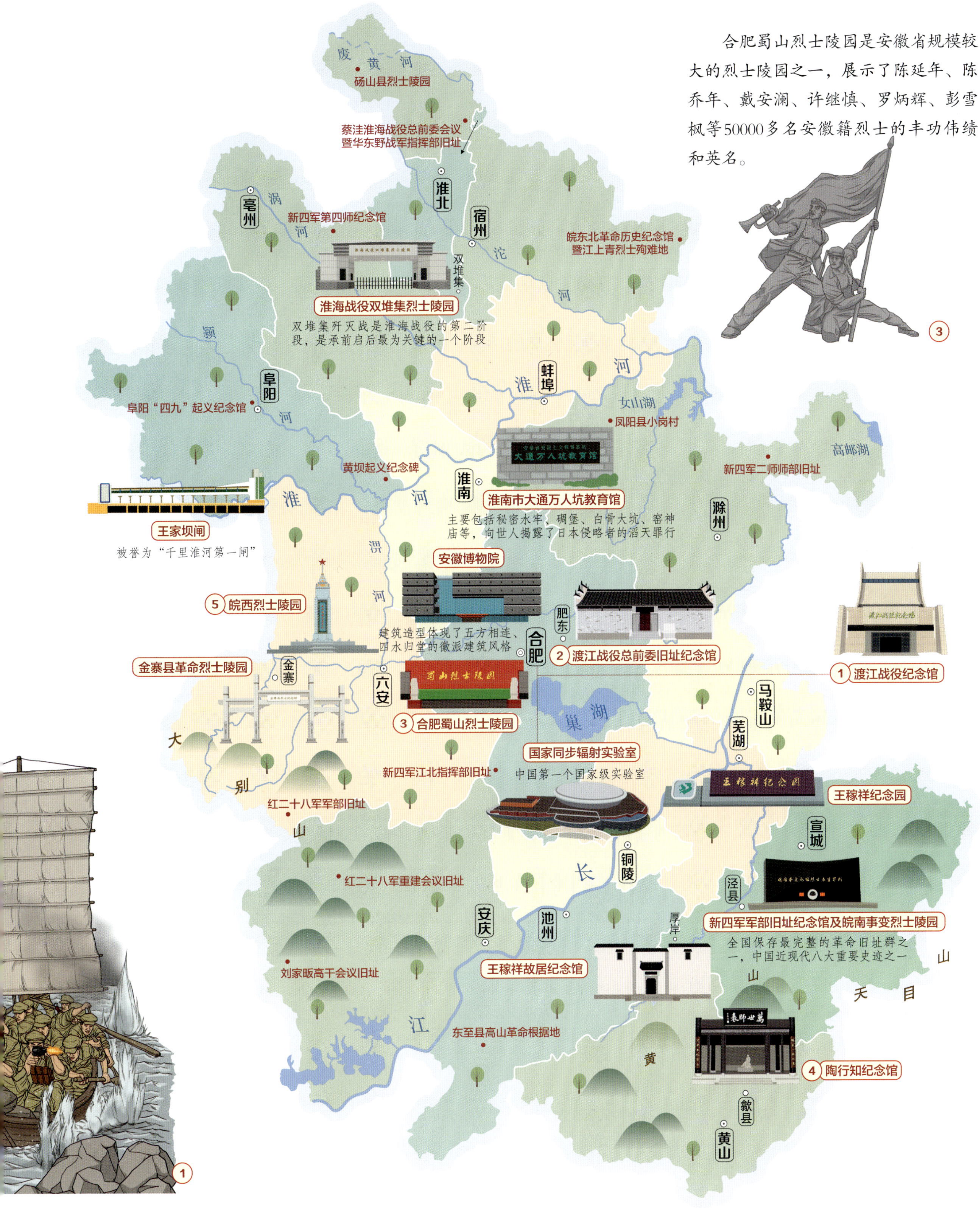

陶行知是中国伟大的人民教育家，他积极推动平民教育运动，致力于宣传抗日和反对内战，为争取和平和民主作出了巨大贡献。陶行知纪念馆展现了他赤诚爱国、献身于教育事业的光辉一生。

④

⑤

皖西烈士陵园是安徽省解放后最早建立的烈士纪念馆，真实地记录了皖西人民革命斗争的历史。陵园纪念馆中，刘邓大军跃进大别山路线图尤为引人注目。

1947年夏，刘邓大军成功强渡黄河，千里跃进大别山，直接威胁到南京、武汉，揭开了人民解放军战略进攻的序幕。

走进人物

王稼祥

1906年8月15日，王稼祥诞生在安徽省泾县厚岸村，并在这里度过了童年和少年时代。1925年，他加入中国共产主义青年团，同年赴苏联学习。1928年2月加入中国共产党。1930年春，王稼祥从苏联回国，在中央机关报《红旗》报担任主笔。1931年春前往中央革命根据地，历任中共苏区中央局委员、中国工农红军总政治部主任等。

1935年1月，王稼祥出席遵义会议，支持毛泽东的正确主张。随后，与毛泽东、周恩来一起组成三人军事指挥小组。中华人民共和国成立后，王稼祥先后担任首任驻苏联大使、外交部副部长、中共中央对外联络部部长、中共中央书记处书记等职。

王稼祥是中国共产党早期重要领导人，对于党和国家有着卓越的贡献。

我是小小讲解员

金寨县革命烈士陵园

金寨县革命烈士陵园位于鄂、豫、皖三省交界处的大别山腹地安徽省金寨县，始建于20世纪60年代，后来逐步扩建，先后修建了革命烈士纪念塔、金寨革命博物馆、红军纪念堂、红军广场等标志性建筑物。

金寨是鄂豫皖革命根据地的主要创始地和中心区域，是红四方面军和红二十五军、红二十八军的主要发源地。金寨是红军的摇篮、将军的故乡，革命战争时期全县有10万英雄儿女参军参战，大多血洒疆场，为国捐躯。解放后被追认的革命烈士有1万余人，占安徽省革命烈士总数的1/5。1955年至1965年，金寨县被授予少将以上军衔的有59人，是名副其实的“将军县”。

皖南事变

历史再现

新四军是“国民革命军新编第四军”的简称。七七事变后，根据国共两党协议，红军长征后留在南方八省的游击队改编为国民革命军新编第四军。

后来，新四军开辟了华中敌后抗日根据地，并不断发展壮大，引起了国民党顽固派的恐慌。中国共产党从维护抗战大局出发，将皖南的新四军调到江北。1941年1月6日，奉命北移的新四军9000余人在安徽泾县茂林地区遭到国民党军8万余人的伏击。新四军奋战7昼夜，除2000余人突围外，大部分壮烈牺牲和被俘。军长叶挺在与国民党谈判时被扣押，副军长项英、副参谋长周子昆在突围时被叛徒杀害，政治部主任袁国平牺牲。这就是震惊中外的皖南事变。

皖南事变后，周恩来在《新华日报》上题写“为江南死国难者志哀！”“千古奇冤，江南一叶；同室操戈，相煎何急?!”的题词，对国民党顽固派进行了有力的声讨。

1941年1月20日，中共中央军委发布重建新四军军部的命令，任命陈毅为代军长，刘少奇为政治委员。

福建省

福建是土地革命的策源地之一，是全国著名的“红旗不倒”革命老区。

福建苏区占据中央苏区的半壁江山，是红军的故乡和将帅的摇篮，留下了毛泽东、周恩来、刘少奇、朱德等革命领袖和红军将帅的光辉足迹。福建苏区军民在党和苏维埃政府领导下，开展了轰轰烈烈的土地革命、政权建设和经济文化建设，创造出一片光明、幸福的新天地。福建人民在创建中央苏区斗争中所建立的丰功伟绩，永载中国革命史册。

数说福建

8 古田会议后，毛泽东在协成店写下指引中国革命道路的《星星之火，可以燎原》一文，这8个字预言了中国革命必将迎来燎原之势。

4、71 闽西是共和国领袖及将帅的摇篮。经历战火磨砺的闽西儿女，其中4位成为国家领导人、71位成为开国将军。

20 著名的“黄花岗七十二烈士”中，约有20位来自福建。他们在中国民主革命史上留下了浓墨重彩的一笔。

3万 1934年10月上中旬，中央红军及中央机关从福建的长汀、宁化和江西的瑞金、于都等地出发，开始了长征。近3万名福建儿女踏上了长征路，约占参加长征总人数的1/3。

1929年12月28日至29日，红军第四军党的第九次代表大会在古田召开。古田会议确立了思想建党、政治建军的原则，是中国人民军队建设历史上一个重要的里程碑。古田会议纪念馆全面介绍了古田会议历史，宣传了古田会议精神。

郑成功是我国明末清初著名的民族英雄，他收复了被荷兰侵略者侵占38年的台湾。厦门的郑成功纪念馆是海内外规模最大的郑成功文物、文献收藏中心和研究基地，系统地介绍和展示了郑成功收复台湾、驱逐荷兰殖民者的历史过程。

马尾是中国船政文化发祥地，被誉为“中国近海军的摇篮”。福州马尾政文化遗址群以中国船政化博物馆为中心，包括中炮台等多个船政遗址，蕴着独特的船政文化。

我是小小讲解员

中国闽台缘博物馆

台湾岛是我国第一大岛，西隔台湾海峡和福建遥遥相对。闽台在史前就存在着十分密切的关系。“福州鸡鸣，基隆可听”这句谚语，说明了台湾和福建“不可分离，难舍同枕”的地理位置。从台湾岛的考古发现来看，祖国大陆的文化在旧石器时代就已传到台湾。台湾各地相继发掘出土的大量文物证明，台湾的史前文化与祖国大陆同属一脉。

随着时间的推移，台湾与祖国大陆的政治经济联系不断得到加深和扩大。由于闽南人占台湾移民人口的绝大多数，所以台湾移民大多数讲福建方言，他们基本上保留着闽南地区的饮食习惯、风俗文化、宗教信仰等。

如果想更加深入、具体地了解祖国大陆与宝岛台湾的历史关系，我们可以走进中国闽台缘博物馆看一看。

这是一座位于泉州市区西北侧的国家级专题博物馆，主体建筑采用了“天圆地方”的设计理念，运用闽台两地传统建筑“出砖入石”的特色工艺，红白相间，浑然天成，充分体现了海峡两岸的人文精神与地域特色。基本陈列“闽台缘”和专题展“乡土闽台”，生动阐述了祖国大陆人民与台湾同胞一脉相承、手足情深共建家园的历史事实。

建宁原是中央21个苏区县之一，毛泽东、朱德、周恩来等老一辈无产阶级革命家曾在建宁战斗、生活过。建宁县红一方面军领导机关旧址暨反“围剿”纪念馆展示了苏区军民浴血奋战、踊跃支前的反“围剿”斗争史实。

蔡威是红四方面军无线电通讯和技侦工作开创者。他为加强红军通讯和情报工作建设、培养情报技术人才作出了突出贡献，被誉为“无名英雄”。1936年9月22日，因病逝世，年仅29岁。

闽北革命历史纪念馆全面展示了在中国共产党领导下，闽北人民经历的大革命浪潮、土地革命硝烟、抗日战争烽火、解放战争炮声的革命历程和中华人民共和国成立以来闽北的建设成就。

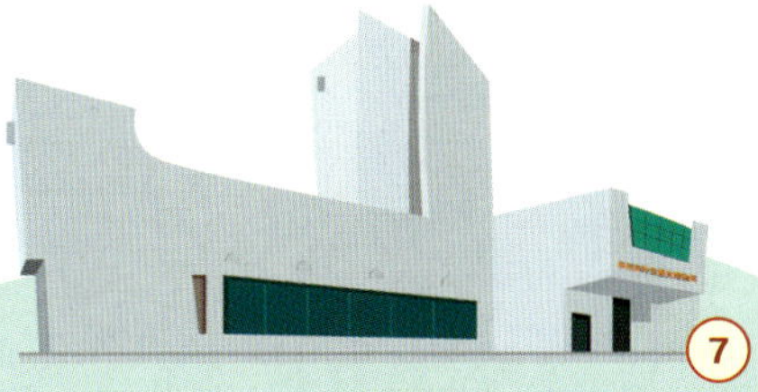

泉州是宋元时期中国较大的造船基地和“东方第一大港”，是海上丝绸之路的起点之一。泉州海外交通史博物馆讴歌了中国人民几千年来所创造的海洋文明及其对人类开辟海上丝绸之路所作出的巨大贡献。

泉州湾古船陈列馆的宋代古沉船，是我国迄今为止发现的体量最大、年代最早的海船

走进人物

陈嘉庚

“敌未出国土前，言和即汉奸。”这句话出自著名的爱国华侨领袖、社会活动家陈嘉庚先生。

1874年10月21日，陈嘉庚出生于福建厦门。他十多岁离开故乡，赴南洋经商，经过艰苦创业，从一个渔村少年成长为东南亚华侨工商巨子。

虽远在南洋，但陈嘉庚始终把祖国和民族的利益放在第一位。早期，他曾积极募款支持孙中山的革命活动。1937年中国全民族抗战爆发后，他在新加坡组织了“南洋华侨筹赈祖国难民总会”，募集巨款，动员3000多名华侨机工慷慨回国，冒着枪林弹雨抢运军需物资，为中国抗日战争赢得了重要转机。

此外，他还热心办学，创办了厦门大学和集美学校。

1949年，陈嘉庚以华侨首席代表的身份出席开国大典。次年，他离开新加坡，返回祖国定居。

1961年8月12日，陈嘉庚在北京逝世。他一生为辛亥革命、民族教育、抗日战争、解放战争、新中国的建设作出了不朽贡献，被毛泽东称誉为“华侨旗帜、民族光辉”。

江西省

江西是军旗升起的地方，也是红军长征的出发地。从安源路矿工人大罢工到南昌起义爆发，从在井冈山创建革命根据地到在瑞金成立中华苏维埃共和国临时中央政府，从赣南三年游击战争到土地革命，一系列重大革命活动都发生在这里。“井冈山精神”“长征精神”“苏区精神”从这里诞生，也从这里传承。

在这片充满红色记忆的土地上，无数革命先烈抛头颅、洒热血，用鲜血和生命为我们留下了许许多多可歌可泣的英雄故事。正是因为有千千万万个他们，才换来中国革命的成功、新中国的诞生和我们的幸福生活。

景德镇是世界上唯一一座以陶瓷产业支撑千年发展的城市。景德镇陶瓷有“白如玉、薄如纸、明如镜、声如磬”的特色。景德镇市中国陶瓷文化展示基地展现了中国瓷器文化的魅力。

数说江西

1 1927年，国民党发动反革命政变，莲花县农民自卫军的60支枪被收缴了59支。贺国庆的父亲和弟弟为保护最后这支枪而牺牲。“莲花一枝枪”的故事展现了革命先辈舍命保枪的伟大精神。

4、7 开国十大元帅和十位大将中，有7位元帅和4位大将直接或间接参加了南昌起义。

13 中央苏区长期占有的县城有24座，其中13座在江西，分别是瑞金、兴国、宁都、于都、石城、会昌、寻乌、信丰、安远、广昌、黎川、上犹、崇义。

54 1955年的授衔典礼上，有54位从兴国走出来的革命儿女被授予将军军衔。

方志敏是土地革命时期赣东北和闽浙赣革命根据地的创建人。他把马克思主义与赣东北实际相结合，创造了一整套建党、建军和建立红色政权的经验，毛泽东称之为“方志敏式”的根据地。后来，他不幸被捕牺牲。在狱中，方志敏以顽强的毅力写下了《可爱的中国》《清贫》等名篇。

1927年9月，毛泽东率领秋收起义部队抵达永新县三湾村。在这里，毛泽东领导了著名的“三湾改编”，从组织上确立了中国共产党对军队的领导。永新三湾改编旧址全面展现了这一事件。

瑞金是革命圣地、红色故都，被誉为“共和国摇篮”。第二次国内革命战争时期，毛泽东、朱德、周恩来、刘少奇等老一辈无产阶级革命家创建了以瑞金为中心的中央革命根据地，建立了中华苏维埃共和国，定都瑞金。瑞金中央革命根据地纪念馆反映了中央革命根据地以及中华苏维埃共和国波澜壮阔的革命斗争历史。

安源是中国工人运动的摇篮，是中国近代工业发祥地，是秋收起义策源地和主要爆发地。安源工人运动，是中国工人运动的光辉典范。安源路矿工人运动纪念馆是为征集和保护安源工人运动的文物，研究和宣传安源革命斗争历史而修建的专题类博物馆。

半个多世纪以来，江西人民在中国共产党的领导下，为取得新民主主义革命和社会主义革命的胜利，进行了长期艰苦卓绝的斗争，付出了巨大的牺牲，作出了卓越的贡献。江西革命烈士纪念堂展现了约25万名烈士的英勇事迹，是中国第一座拥有全部英烈名单的纪念堂，也是反映江西革命斗争史的重要窗口。

我是小小讲解员

南昌八一起义纪念馆

1927年4月和7月，蒋介石和汪精卫集团先后在上海和武汉发动了反革命政变，残酷屠杀共产党人和工农群众。为了反抗国民党反动派的屠杀政策，周恩来、贺龙、叶挺、朱德、刘伯承等人领导革命军于1927年8月1日在江西南昌发动武装起义，打响了武装反抗国民党反动派的第一枪，标志着中国共产党独立领导革命战争、创建人民军队和武装夺取政权的开端。这就是著名的南昌起义。

1933年7月11日，中华苏维埃共和国临时中央政府决定将8月1日确立为中国工农红军成立纪念日。1949年6月15日，中国人民革命军事委员会发布命令，规定以“八一”字样作为中国人民解放军军旗和军徽的主要标志。中华人民共和国成立后，确定8月1日为中国人民解放军建军节。

南昌八一起义纪念馆是为纪念南昌起义而设立的专题纪念馆。纪念馆的展览内容分为复原陈列和辅助陈列两部分，详细介绍了南昌起义的历史背景、过程及其伟大的历史意义。

革命的摇篮——

井冈山革命根据地的创立

1927年10月，毛泽东率领秋收起义部队到达井冈山，并争取了当地原有的农民武装，开始创建井冈山革命根据地。1928年4月，朱德、陈毅率领南昌起义的部分军队和湘南的工农武装，与毛泽东率领的部队在井冈山会师，成立中国工农革命军第四军（后改称中国工农红军第四军）。1928年12月，彭德怀、滕代远率领红五军主力来到井冈山，与红四军会师，井冈山革命根据地日益成长壮大。

井冈山革命根据地的建立，点燃了“工农武装割据”的星星之火。从此，中国革命走上了建立农村革命根据地，以农村包围城市，武装夺取政权的道路。

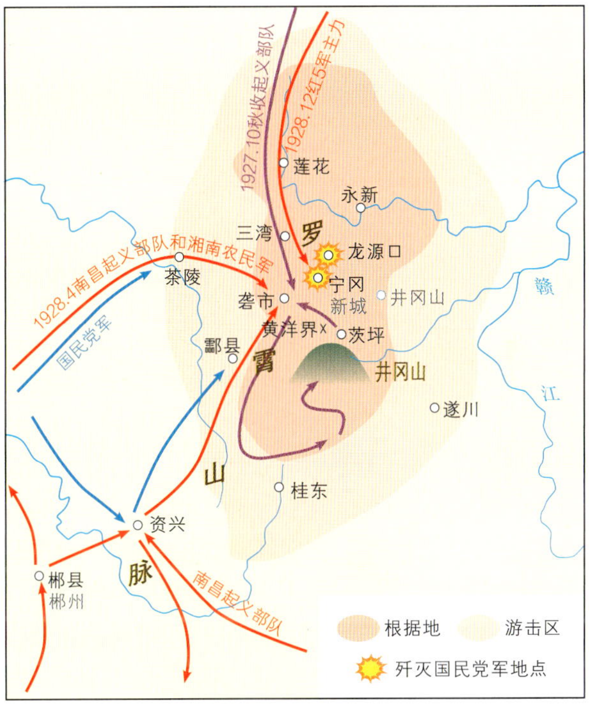

井冈山革命根据地建立形势

（1927年10月—1929年1月）

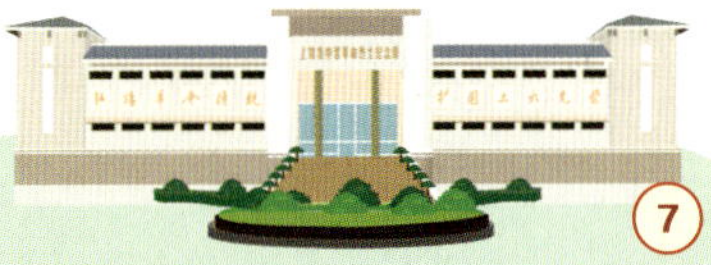

7

上饶集中营是皖南事变的历史产物。它是国民党反动派设立的一座法西斯式的人间地狱，羁押了在皖南事变中谈判被扣的新四军军长叶挺和被俘的新四军干部，还有部分共产党员和爱国进步人士。为了缅怀在集中营牺牲的近200名革命烈士，人们修建了上饶集中营革命烈士陵园。

山东省

素有“孔孟之乡”美誉的山东，是中华文明重要的发祥地、儒家文化的发源地，拥有独特而丰厚的传统文化资源。

山东也是具有光荣传统的著名革命老区。五四运动以后，山东成立了共产党早期组织，是全国最早建党的六个省份之一。抗日战争时期，山东更是华北地区持久抗战的一个重要战略支撑点。解放战争时期，山东地区取得了鲁南、莱芜、孟良崮等战役的胜利。

在血与火的洗礼中，这片土地为我们留下了宝贵的精神财富。

数说山东

30 抗日战争期间，海阳县的民兵们通过不断地实践，先后制造了“丁子雷”“水雷”等30余种雷，让敌人防不胜防。

72 史书记载，孔子培养的弟子总计3000人，通晓六艺的有72人，其中相当一部分是他返鲁后培养的。

1万 在台儿庄战役中，中国军队共歼灭日军1万余人。

120万 解放战争时期，沂蒙根据地有120万余人拥军支前，涌现出红嫂等一大批先锋模范人物。

大青山胜利突围战是山东抗战史上最为悲壮的突围战之一。大青山胜利突围纪念馆里有一把小提琴，讲述着文工团战士用《沂蒙山小调》瓦解敌军士气，帮助八路军顺利解放临沂城的故事。

“西边的太阳就要落山了，鬼子的末日就要来到。弹起我心爱的土琵琶，唱起那动人的歌谣。”一首《弹起我心爱的土琵琶》唱响在微山湖畔，再现了鲁南铁道游击队员英勇杀敌的场面。

山东博物馆是新中国成立后建立的第一座省级综合性地志博物馆。红陶兽形壶、商代甲骨文、《孙子兵法》竹简、九旒冕等文物是该馆的镇馆之宝。

地雷战纪念馆展现了抗日战争期间海阳民兵在艰苦的条件下，在各村建立地雷加工厂，自制地雷和埋雷，积极抗日的历史。地雷战不仅消灭了很多敌人，更是对日本侵略者起到了强有力的威慑作用，瓦解了日本侵略者的士气。

我是小小讲解员

孔子故居

孔子故居位于山东省曲阜市，包括孔庙、孔府、孔林，统称曲阜“三孔”。

孔子是中国古代伟大的思想家、政治家、教育家，儒家学派创始人。他开创私人讲学之风，主张“有教无类”“因材施教”；倡导仁、义、礼、智、信，核心思想是“仁”，曾带领部分弟子周游列国14年，以宣传自己的思想主张；晚年致力于教育，整理《诗》《书》等典籍。孔子删修的《春秋》，是中国第一部编年体史书。孔子去世后，其弟子及再传弟子把他及其弟子的言行语录和思想记录下来，整理成儒家经典——《论语》。

孔子是当时社会上最博学者之一，被后世尊为至圣先师、万世师表。他的思想对中国乃至世界都有深远的影响，他被列为“世界十大文化名人”之首。

孔庙

孔庙是祭祀孔子的祠庙，其大成殿与北京故宫太和殿、泰山岱庙天贶殿并称“东方三大宝殿”。孔庙是中国现存最完整的古建筑群之一，堪称中国古代大型祠庙建筑的典范。

孔府

孔府号称“天下第一家”，是孔子嫡系子孙居住的府第，内存中国延时最久、保存最完整的私家文书档案近30万件。

孔林

孔林是孔子及其后裔的墓地，是中国规模最大、持续年代最长、保存最完整的氏族墓葬群和人工园林。孔子墓位于孔林中部，封土呈偃斧形。

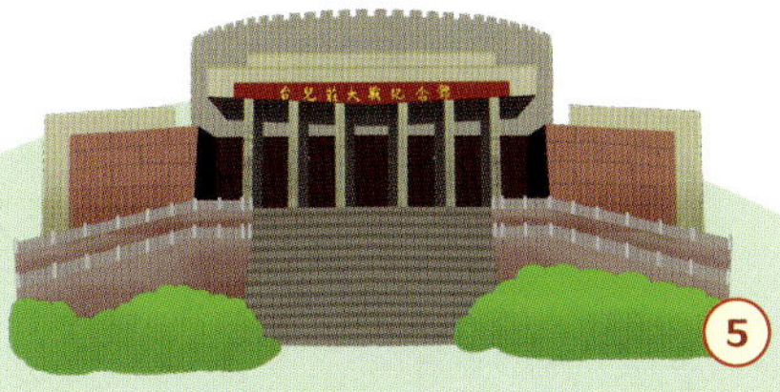

台儿庄大战是抗战爆发后中国正面战场取得的最重大的胜利，沉重打击了日本侵略者的凶焰，极大地坚定了全国军民坚持抗战的必胜信心。台儿庄大战纪念馆生动再现了爱国将士血战台儿庄、报效祖国的壮举。

1947年，华东野战军在陈毅、粟裕的指挥下，在孟良崮一举歼灭了国民党王牌主力整编第74师，击毙中将师长张灵甫，打退了敌人对山东解放区的重点进攻。孟良崮战役烈士陵园就是为纪念在战役中牺牲的革命烈士而修建。

鲁西南战役革命纪念地——郓城鲁西南战役指挥部旧址真实再现了刘邓大军以大无畏的英雄气概强渡黄河，打响鲁西南战役的第一仗——郓城战役的壮观场面。鲁西南战役开辟了刘邓大军进军大别山的道路，揭开了人民解放军战略进攻的序幕。

走进人物　孔繁森

“一尘不染，两袖清风，视名利安危淡似狮泉河水；二离桑梓，独恋雪域，置民族团结重如冈底斯山。”这是孔繁森一生最真实的写照。

孔繁森，1944年7月出生，山东聊城人。他18岁参军，1966年加入中国共产党，复员后回到聊城老家工作。1979年，国家要抽调一批干部赴西藏工作，时任聊城地委宣传部副部长的孔繁森主动报名，并写下“是七尺男儿生能舍己，作千秋鬼雄死不还乡”的条幅以示决心。他来到海拔4700米的西藏自治区岗巴县担任县委副书记，历时3年之久，期间跑遍了全县的乡村、牧区。

1988年，孔繁森再次到西藏工作，并于1992年到了环境恶劣的阿里地区任地委书记。在不到两年的时间里，他走访了阿里地区106个乡中的98个，行程8万多千米，访贫问苦，调查研究，寻求阿里地区的发展。1994年11月29日，孔繁森在去新疆考察返回的途中，遭遇车祸殉职，时年50岁。

在为他料理后事时，人们看到了两件令人心酸的遗物：一是他仅有的8.6元钱款；二是他去世前4天写成的“关于发展阿里经济的12条建议”。孔繁森是领导干部的楷模，他一心为民、忠诚奉献的精神，深深印刻在党和人民的心中。

济南革命烈士陵园中的济南战役纪念馆，全景真实再现了当年济南战役激烈的战斗场面。陵园南部的烈士墓区，安葬着为中国人民解放事业而英勇献身的中共一大代表、山东第一个共产党员王尽美，中共一大代表、山东党组织创始人之一邓恩铭以及山东早期党的负责人刘谦初等革命先烈。纪念群雕整体高7.1米，寓意党的生日；宽2.6米，以纪念在济南战役中伤亡的2.6万名解放军指战员；长24米寓意济南解放日——1948年9月24日。

1945年8月13日，山东省政府在莒南成立，这是中国共产党领导下的第一个省政府。八路军115师司令部旧址暨山东省政府成立纪念地生动地再现了八路军115师的卓著功绩及山东省政府诞生、成长、发展的光辉历程。

位于临沂前河湾村的新四军军部旧址是新四军历史上最后一个军部，也是华东野战军诞生地，在中国革命战争史上具有非常重要的历史价值。

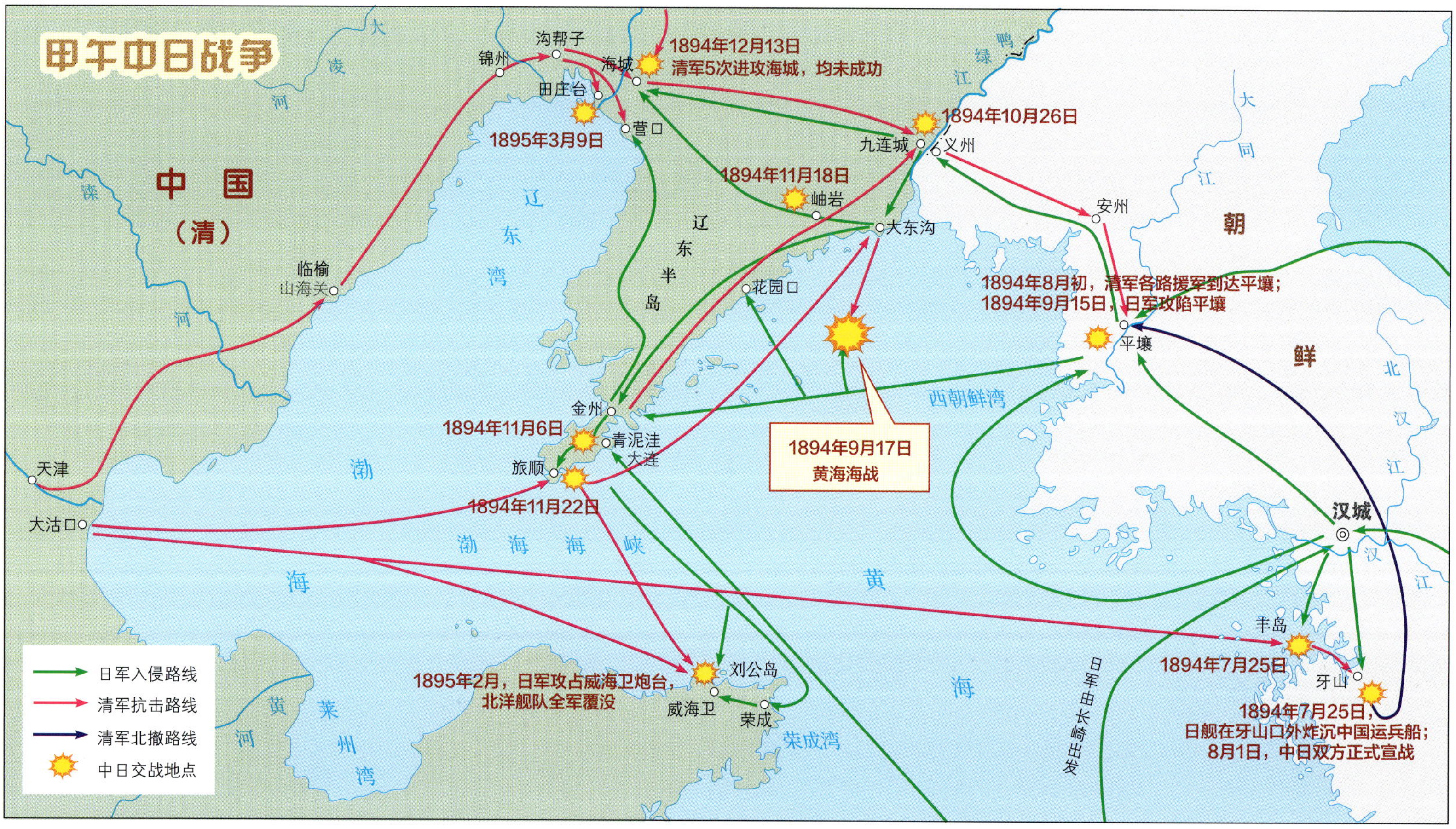

连环画

甲午中日战争

1. 1894年，朝鲜发生东学党起义，清政府应朝鲜国王请求出兵援助。日本乘机派兵入侵朝鲜，在朝鲜半岛海面袭击清军船只，8月1日，双方正式宣战，甲午中日战争爆发。

2. 9月17日，北洋舰队与日本联合舰队相遇，黄海海战爆发。战斗刚一打响，主帅丁汝昌就身负重伤，舰队失去统一指挥。危急时刻，致远舰管带邓世昌指挥舰艇冲锋向前，迎战敌舰。

3. 在致远舰严重受损、弹药将尽之际，邓世昌下令开足马力全速撞向日舰“吉野号”，但不幸被击沉，200余名将士壮烈殉国。此战历时5个多小时，北洋舰队损失5舰、伤4舰，日本联合舰队5舰受重创。

4. 1895年1月20日，日军开始在山东半岛荣成湾登陆，随后发起进攻。驻守威海南帮炮台的清军奋力抵抗，但寡不敌众，南帮炮台失守。

5. 接着，日军开始进攻威海卫和北岸炮台，北洋舰队陷入绝境。最终，日军攻占威海卫，北洋舰队全军覆没。甲午中日战争以清军惨败告终。

6. 1895年4月17日，日本强迫清政府签订《马关条约》，大大加深了中国的半殖民地化程度。

河南省

河南，作为中原大地，历史悠久，文化灿烂；作为兵家必争之地，见证了朝代的更迭，也曾饱受战争的洗礼。抗日战争时期，中原儿女同仇敌忾、不畏艰险、奋勇杀敌，书写了一个个抗战传奇。豫西的深山密林，留下了皮定均征战岁月的传奇；被誉为“小延安”的确山县竹沟，是中原人民抗战的指挥中心；漯河中州抗战纪念馆的受降亭，见证了中原儿女抗战的胜利。

这片英雄的土地塑造了大别山精神、焦裕禄精神、愚公移山精神，涌现出吉鸿昌、彭雪枫等著名革命先烈，树立了一座座精神丰碑，时刻激励着、鼓舞着一代代中华儿女不忘初心、接续奋斗。

②

郑州二七纪念馆中的二七罢工纪念塔是郑州唯一一座近现代纪念塔，展示了京汉铁路工人大罢工的历史。这次大罢工的失败，使中国共产党认识到单枪匹马不能取得革命的胜利，必须团结一切可能的同盟者，才能战胜强大的敌人。

数说河南

43 河南新县是全国著名的将军县之一，培育了许世友、李德生等43位共和国将军。

81 在红旗渠建设中，有81名干部和民工献出生命，其中在总干渠建设中献身的73名，在三条干渠建设中献身的8名。

200 1939年11月11日，国民党确山县县长率军警特务制造了“确山惨案”，杀害新四军伤病员及抗日官兵家属200余人。

300 1927年冬天，国民党反动派进犯信阳市新县箭厂河，在一块稻田里屠杀程怀夫等共产党员和革命群众300余人。烈士的鲜血染红了整块稻田，当地群众称之为“红田”。

①

③

三门峡水利枢纽是新中国成立后在黄河上兴建的第一座以防洪为主、综合利用的大型水利枢纽工程，被誉为“万里黄河第一坝”。

彭雪枫是中国无产阶级革命家、军事家，中国工农红军和新四军杰出指挥员，参加过中央革命根据地历次反“围剿”作战和长征，率部参加过直罗镇、东征等战役。1944年9月在河南指挥作战，不幸中流弹牺牲，时年37岁，是抗日战争中新四军牺牲的最高将领之一。

我是小小讲解员

殷墟遗址

殷墟是商朝后期都城遗址，也是中国历史上第一个有文献可考，并为甲骨文和考古发掘所证实的古代都城遗址，距今已有3000多年的历史。这里既是中国最早的文字甲骨文的发现地，也是国宝司母戊鼎的出土地。

整个景区一分为二：一边是商朝的宫殿与宗庙遗址区，主要包括殷墟博物馆、妇好墓遗址、甲骨文发现窑穴以及车马坑展厅；隔河相望的另一边主要是王陵遗址。

殷墟出土的珍品有很多，大多收藏在殷墟博物馆中。博物馆的主体沉入地下，给人一种久远和神秘的感觉。这里收藏着大量甲骨文、青铜器、玉器、宝石等珍贵文物，如在《国家宝藏》中出现过的“亚长”牛尊和陶三通等，无不蕴藏着殷代先民们的智慧。

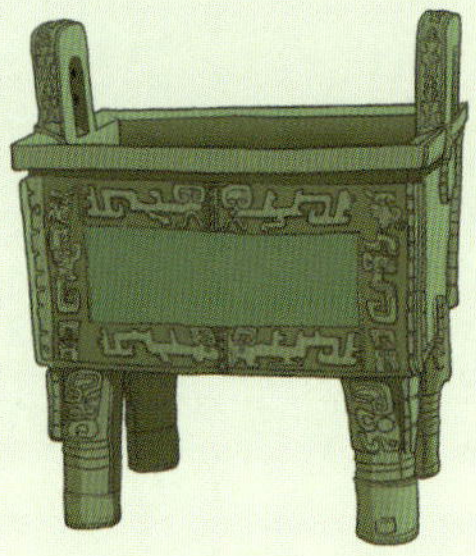

我叫司母戊鼎（也有学者叫我“后母戊鼎”），是1939年出土于河南安阳武官村的商代青铜礼器（用于祭祀），现藏于中国国家博物馆。我是迄今世界上出土的最重的青铜器，重达832.84千克。

我叫妇好鸮尊，是1976年出土于河南安阳妇好墓的商代晚期的青铜酒器，被收藏在河南博物院，是该博物院的九大镇馆之宝之一。

历史再现

世界第八奇迹——红旗渠

河南林县（今林州市），位于晋、冀、豫三省交界处，曾严重干旱缺水，流传着“水缺贵如油，十年九不收”的说法。虽然也修建了不少水利工程，但并没有从根本上解决缺水问题。1959年，林县遇到了前所未有的大旱，林县县委决定将浊漳河水引入林县。

1960年2月，全县组织10万人参与“引漳入林”工程建设。在党的领导下，全县人民自力更生、艰苦奋斗，终日奋战在太行山的悬崖峭壁之上。1960年3月，该工程被命名为红旗渠，意为高举红旗前进。当红旗渠首座拦河坝工程只剩10米宽的龙口尚未合龙时，咆哮的河水却让人望而却步。当时正值春天，500多名共产党员、共青团员奋不顾身跳到河中，手挽手高唱《团结就是力量》，最终挡住了汹涌的河水，如期完成了这一工程。

在艰难的条件下，林县人民靠一锤、一钎、一双手，苦干10个年头，硬是在万仞壁立、千峰如削的太行山上，削平1250个山头，凿通211个隧洞，建成了全长1500余千米的“人工天河”。

红旗渠的建成从根本上改变了林县的面貌，孕育形成了“自力更生、艰苦创业、团结协作、无私奉献”的红旗渠精神。

5

王大湾会议着重解决了增强部队斗志、进一步整顿纪律等重大问题，是刘邓大军跃进大别山的重大转折，对大别山根据地的确立和巩固起到了十分重要的作用。

6

鄂豫皖革命纪念馆是人们为缅怀先烈丰功伟绩，弘扬大别山革命精神而兴建的纪念馆，以数千幅图片和实物对应的方式，全面展示了大别山“28年红旗不倒”的光辉历史，着重介绍了从大革命时期到解放战争时期各个历史阶段发生在鄂豫皖大地上的重大历史事件。

走进人物

焦裕禄

焦裕禄，1922年8月16日出生于山东省淄博市北崮山村的一个贫苦家庭。他曾被日军抓到抚顺煤矿当苦工，后来逃到江苏宿迁给地主当长工。

抗日战争胜利后，焦裕禄回到家乡当了民兵，并参加了解放博山县城的战斗。1946年1月，焦裕禄加入中国共产党。1962年12月，焦裕禄调到河南兰考县，先后任县委第二书记、书记。

兰考县地处豫东黄河故道，是个饱受风沙、盐碱、内涝之患的老灾区。焦裕禄拖着患有慢性肝病的身体，带领全县人民封沙、治水、改地。他经常钻进农民的草庵、牛棚，与农民同吃同住同劳动，与自然灾害作斗争。焦裕禄凭借愚公移山的劲头，带领兰考县人民改造了一块块盐碱地，真正地让“白色变成了绿色”。

1964年5月14日，年仅42岁的焦裕禄因肝癌逝世。焦裕禄这个永不褪色的名字，如一座丰碑，矗立在兰考，矗立在中国大地，矗立在亿万百姓心中。他以“亲民爱民、艰苦奋斗、科学求实、迎难而上、无私奉献”的精神为“人民公仆”做了完美诠释。

湖北省

湖北是荆楚文化的重要发祥地。这里历史悠久，文物古迹众多，在我国乃至世界历史上诞生了众多的第一，如中国最早的长城——楚长城、辛亥革命首义之地——武昌、世界最大的水利枢纽——三峡工程等。

湖北人自古就有“追求卓越，敢为人先”的精神，董必武、李先念等无产阶级革命家就是从这片土地出发，走上革命的道路。

湖北是革命大省。从中国共产党诞生起，湖北28年红旗不倒，22年武装斗争不断，为中国革命作出了巨大贡献。

寻红色印记，览荆楚风貌。让我们走进湖北，感受这里深厚的红色文化底蕴。

5 第二次国内革命战争时期，湖北陆续形成了与周边省份共同开辟的鄂豫皖、湘鄂西、湘鄂赣、湘鄂川黔、鄂豫陕五大革命根据地，数量之多，为全国之最。

48 1953年2月至1974年10月，毛泽东先后48次到东湖，累计居住时间仅次于北京。

数说湖北

223 红安这块红色热土，诞生了陈锡联、韩先楚、秦基伟等223位将军，被称为“中国第一将军县”。

9478 湖北空降兵军史馆里，有一个用9478枚子弹壳拼成的小号手。9478代表空降兵部队前身的成立时间（1947年8月），小号手寓意空降兵“只吹冲锋号，不打退堂鼓”。

陆羽是唐代茶学家。他精于茶道，被誉为“茶仙”，尊为“茶圣”，祀为“茶神”，著有世界第一部茶叶专著——《茶经》。陆羽纪念馆是一座以陆羽生平为主要内容的纪念博物馆。

1927年8月7日，中共中央在湖北汉口召开紧急会议，史称“八七会议”。这次会议确定了实行土地革命和武装起义的方针，使全党没有因为极其严重的白色恐怖而惊慌失措，而是重新鼓起同国民党反动派斗争的勇气，实现了由大革命失败到土地革命战争兴起的历史性转变。毛泽东“政权是由枪杆子中取得”的著名论断源于此会议。

闻一多是伟大的民主战士、革命学者和爱国诗人。1946年7月15日，他在李公朴的追悼会上发表《最后一次讲演》，痛斥国民党的黑暗统治，当天下午被国民党特务枪杀。闻一多纪念馆展现了他的生平事迹。

1929年至1930年，李灿、何长工、彭德怀率红五军各纵队先后进驻龙港，开创了鄂东南革命根据地。龙港逐渐成为鄂东南革命根据地政治、经济、文化中心，被称为“小莫斯科”。龙港革命历史纪念馆和龙港革命旧址展现了鄂东南革命根据地军民进行革命斗争的光辉历史。

1926年8月，国民革命军（北伐军）与吴佩孚的部队在汀泗桥进行了激烈交战，最终北伐军获胜，为攻取武汉打开了南大门。

李时珍纪念馆介绍了李时珍的生平和《本草纲目》的伟大成就，是中国唯一集李时珍文物、文献资料征集、收藏、研究为一体的专业博物馆。纪念馆内珍藏有明清以来各种版本的《本草纲目》，弥足珍贵。

我是小小讲解员

湖北省博物馆

湖北省博物馆现有馆藏文物26万余件(套)，以青铜器、漆木器、简牍最有特色。这里不仅收藏着越王勾践剑、曾侯乙编钟、郧县人头骨化石、元青花四爱图梅瓶等镇馆之宝，还有中国规模最大的古乐器陈列馆。

来到博物馆，镇馆之宝战国时期的曾侯乙编钟一定不容错过。曾侯乙编钟出土于湖北随州曾侯乙墓，是迄今世界上已发现的最雄伟、最庞大的乐器。全套编钟共65件，分三层八组悬挂在呈曲尺形的铜木结构钟架上。编钟装饰有人、兽、龙、花和几何形纹，采用了圆雕、浮雕、阴刻、彩绘等多种技法，以赤、黑、黄色与青铜本色相映衬，代表了中国先秦礼乐文明与青铜器铸造技术的较高成就。

曾侯乙编钟音乐性能良好，音域宽广，音调准确，音色优美，具有“一钟双音”的特点。

“宫、商、角、徵、羽”是我国传统五声音调中五个不同音的名称，类似现在简谱中的1、2、3、5、6：宫相当于1（Do），商相当于2（Re），角相当于3（Mi），徵相当于5（Sol），羽相当于6（La），亦称作五音。

我是曾侯乙编钟，出生于战国早期，能演奏五声、六声或七声音阶的乐曲。

历史再现

辛亥革命

清朝末年，内忧外患，中华民族到了危亡之际。以孙中山为首的革命派，决心以革命手段推翻清政府，建立共和国。

1895年至1910年，革命党人发动了多次起义，徐锡麟、秋瑾等一批革命先驱先后牺牲，革命陷入低潮。1911年清政府出卖铁路修筑权，激起全国人民反对。

1911年10月10日晚，新军工程第八营的革命党人熊秉坤打响武昌起义的第一枪。起义军掌控武汉三镇后，成立湖北军政府，推举黎元洪为都督。武昌起义胜利后的短短两个月内，全国就有一半以上的省份纷纷宣布脱离清政府独立。

1911年是农历辛亥年，历史上称这次革命为“辛亥革命”。辛亥革命推翻了清王朝的统治，宣告了中国两千多年君主专制制度的终结，传播了民主共和理念，极大地推动了中华民族的思想解放。

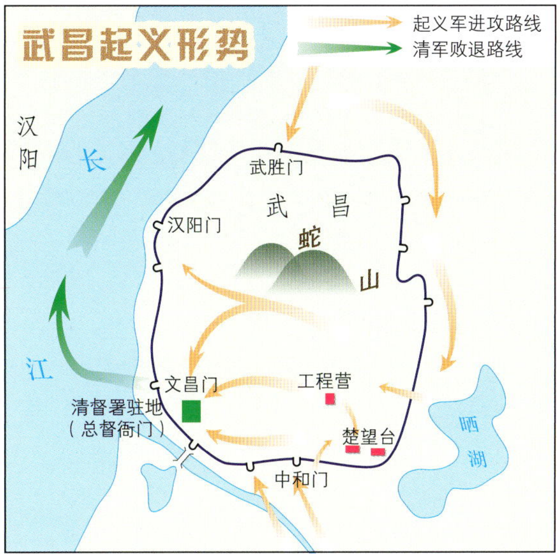

湖南省

湖湘大地，历史悠久，人杰地灵。中华民族的人文初祖炎帝是原始农业发明者的代表，彪炳史册；汨罗江畔，屈子沉吟，赋《九章》而作《离骚》，忠贞深厚的爱国情操激励着后人；钟灵毓秀的韶山，一代伟人毛泽东在这里诞生，从这里踏上革命之路……

这片具有革命历史的红色热土，遍布着无数老一辈无产阶级革命家的足迹，一代代共产党人带领湖南儿女谱写了一曲曲感天动地的壮丽诗篇。

皿方罍

T形帛画

②
大禾人面纹方鼎

数说湖南

4 参加中共一大的13位代表中，湖南人就有4位。

6 湖南英杰辈出，十大开国大将中有6位是湖南人，分别是粟裕、黄克诚、陈赓、谭政、萧劲光、许光达。

6 湖南的每一寸土地都见证了军民共赴国难、抗击外侮的悲壮历史。抗战期间，正面战场一共进行了22次会战，其中6次发生在湖南。

200万 湖南是中国抗战牺牲最大的省份之一。全面抗战时期，湖南共向中国军队输送了近200万青壮男子，平均15人中就有1人投身抗日前线。

湖南省博物馆是湖南省最大的历史艺术类博物馆，是首批国家一级博物馆。大禾人面纹方鼎、皿方罍、T形帛画等是该馆的镇馆之宝。

①

湖南雷锋纪念馆详细介绍了雷锋平凡而伟大的一生，深入诠释了雷锋精神的深刻内涵，生动彰显了雷锋的魅力与风采。雷锋精神影响了一代又一代的中国人。

5 贺龙故居和纪念馆
林伯渠故居
长江
华容县湘鄂西革命根据地
段德昌烈士陵园
段德昌是共和国"第一号烈士"
桑植
中国工农红军第二方面军长征出发地纪念馆
临澧
南县
岳阳
洞庭湖
澧水
塔卧
张家界
武陵山
湘鄂川黔革命根据地纪念馆
常德诗墙
常德
9 屈子祠
8 厂窖惨案遇难同胞纪念馆
大连湖
汨罗
汨罗江
平江
平江起义纪念馆
任弼时故居和纪念馆
全国唯一一座纪念任弼时的专题纪念馆
弼时
开慧
杨开慧故居
湖南湘西花垣十八洞村
属喀斯特地貌发育区，是第四批中国传统村落
花垣
西水
沅江
益阳
资水
《抗战日报》社旧址
1 湖南雷锋纪念馆
2 湖南省博物馆
矮寨
吉首
长沙
雪峰山
3 刘少奇纪念馆
矮寨大桥
世界上第一座塔梁分离式悬索桥
文家市
红二军团司令部旧址
韶山毛泽东同志纪念馆（故居）
全国唯一一家系统展示毛泽东生平业绩的纪念性专题博物馆
韶山
中共湘区委员会旧址
中国共产党最早的省级支部办公地
秋收起义文家市会师旧址纪念馆
滕代远纪念馆
怀化
娄底
湘乡
湘潭
株洲
罗霄山
湘乡东山学校旧址
曾培养出毛泽东、陈赓等许多革命战士和知名人士
芷江
芷江受降旧址和纪念馆
芷江受降宣告了侵华日军的彻底失败
4 彭德怀纪念馆
湘江
《观察日报》社旧址
南岳
罗荣桓故居和纪念馆
邵阳
南岳忠烈祠
中国建筑最早、规模最大的抗日战争纪念地之一
荣桓
粟裕故居
会同
衡阳
茶陵
茶陵县工农兵政府旧址
第一个由毛泽东主席亲手缔造的红色政权所在地
塘田战时讲学院旧址
耒水
武冈革命历史纪念馆
巫水
红军标语博物馆和中国工农红军革命活动炎陵纪念馆
红军标语博物馆是全国首家红军标语专题博物馆
通道转兵会议旧址和纪念馆
炎陵
炎帝陵
永州
中华民族的人文初祖炎帝的安息地，享有"神州第一陵"之誉
县溪
通道
《三大纪律，六项注意》颁布旧址
《三大纪律，六项注意》（后发展为《三大纪律，八项注意》）被誉为"第一军规"
潇水
红六军团指挥部旧址
沙田
郴州
橘子洲头毛泽东青年艺术雕塑
沙洲
宜章
"半条被子的温暖"专题陈列馆
红军长征"禾塘决策"旧址
7 湘南暴动指挥部旧址
6 新民学会旧址

走进人物

毛泽东

毛泽东，伟大的马克思主义者，无产阶级革命家、战略家和理论家，中国共产党、中国人民解放军和中华人民共和国的主要缔造者和领导人，毛泽东思想的主要创立者。

1893年12月26日，毛泽东出生于湖南湘潭韶山冲的一个农民家庭。1914年至1918年就读于湖南第一师范学校，毕业前夕，与蔡和森等发起组织革命团体新民学会。五四运动前后接触和接受马克思主义，1920年在湖南创建共产主义组织。

1921年7月，毛泽东出席中国共产党第一次全国代表大会，后任中共湘区执行委员会书记，领导长沙、安源等地工人运动。1923年被选为中央执行委员，参加中央领导工作。1931年，中华苏维埃共和国临时中央政府成立，毛泽东当选为中央执行委员会主席和中央执行委员会人民委员会主席。1933年，被补选为中共中央政治局委员。1935年1月，遵义会议确立了毛泽东在中共中央和红军的领导地位。此后，以他为代表的共产党人带领中国人民取得了长征、抗日战争和解放战争的胜利，赢得民族独立和人民解放。

1949年10月1日，中华人民共和国成立，毛泽东担任中央人民政府主席，带领中国人民走上了社会主义建设的道路。1976年9月9日，毛泽东在北京逝世。他的主要著作编入《毛泽东选集》（4卷）和《毛泽东文集》（8卷）。

橘子洲

橘子洲是青年毛泽东从事革命活动的重要场所之一，一首《沁园春·长沙》让橘子洲名扬天下，毛泽东青年艺术雕塑就矗立在此。

沁园春·长沙

毛泽东

独立寒秋，湘江北去，橘子洲头。
看万山红遍，层林尽染；漫江碧透，百舸争流。
鹰击长空，鱼翔浅底，万类霜天竞自由。
怅寥廓，问苍茫大地，谁主沉浮？
携来百侣曾游，忆往昔峥嵘岁月稠。
恰同学少年，风华正茂；书生意气，挥斥方遒。
指点江山，激扬文字，粪土当年万户侯。
曾记否，到中流击水，浪遏飞舟？

刘少奇是伟大的无产阶级革命家、政治家、理论家，党和国家主要领导人之一，中华人民共和国开国元勋，党的第一代中央领导集体的重要成员。刘少奇纪念馆是我国唯一一座完整、系统展示和介绍刘少奇生平业绩的传记性专馆。

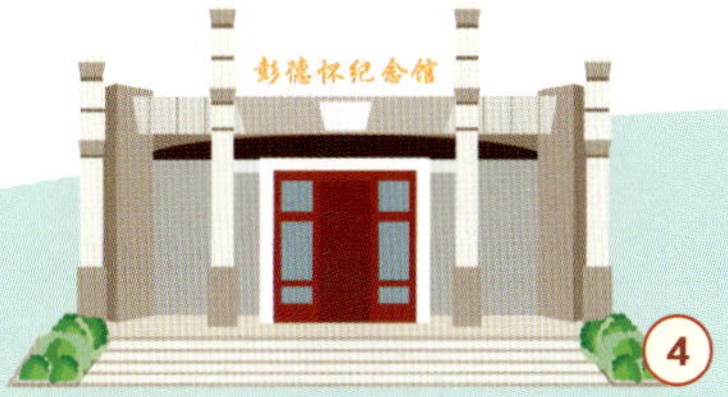

彭德怀是伟大的无产阶级革命家、政治家和军事家，中国人民解放军的创建人和领导人之一，他把毕生的精力都献给了中国人民的解放事业和社会主义事业。彭德怀纪念馆是全国唯一一座完整、系统地介绍彭德怀生平业绩的传记性专馆。

贺龙是伟大的无产阶级革命家、军事家，中国人民解放军的创建人和主要领导者之一。贺龙故居和纪念馆是全国唯一系统展示贺龙生平业绩的纪念场所，再现了贺龙为党和人民奋斗终生的光辉历程。

我是小小讲解员

“半条被子的温暖”专题陈列馆

1934年11月，3名女红军借宿在湖南省汝城县沙洲村徐解秀老人家中。临走时，她们看老人家里连御寒的被子也没有，于是把仅有的一条被子剪下一半送给了老人。后来，老人常常感动地说：“什么是共产党？共产党就是自己有一条被子，也要剪下半条给老百姓的人。”

“半条被子的温暖”专题陈列馆以中国工农红军长征经过汝城为主线，陈列了众多图片、文物资料、铜像人物等，展示了红军长征过境汝城时“军爱民、民拥军”的温情历史。

⑥

1918年4月14日，毛泽东、蔡和森等发起成立新民学会，它是五四运动前后湖南地区有较大影响的进步社团，被誉为“建党先声”。其旧址承载了一代湖湘青年浓郁的家国情怀和宏伟的理想志向。

⑦

湘南暴动亦称年关暴动，是中国共产党于1928年1月至3月在湖南南部地区发动的武装事件。湘南暴动指挥部旧址集中反映了朱德、陈毅率南昌起义部分起义军进抵湘南，策划智取宜章，以及组织郴县等六个县的武装暴动等历史。

历史再现

秋收起义

1927年9月9日，继南昌起义之后，震惊全国的湘赣边界秋收起义爆发，中国共产党第一次在武装斗争中公开打出自己的旗帜。但是，由于城里敌人力量强大，各路起义部队先后遭受重创。为保存革命力量，毛泽东果断决定放弃进攻中心城市长沙的计划，改向敌人统治力量薄弱的山区进军，初步形成了“农村包围城市，武装夺取政权”的战略思想。

1927年10月，毛泽东率领起义部队到达井冈山地区，开始创建第一个农村革命根据地。这次起义保存的力量，后来成为中国工农红军骨干的一部分。

“三大纪律，六项注意”的演变

1928年4月3日，毛泽东在桂东沙田正式颁布了“第一军规”——《三大纪律，六项注意》，对党和军队的政治纪律、群众纪律、廉洁纪律、生活纪律、军事纪律作了具体的规定。

后来，“三大纪律，六项注意”演变为“三大纪律，八项注意”。三大纪律是一切行动听指挥，不拿群众一针一线，一切缴获要归公。八项注意是说话和气，买卖公平，借东西要还，损坏东西要赔，不打人骂人，不损坏庄稼，不调戏妇女，不虐待俘虏。

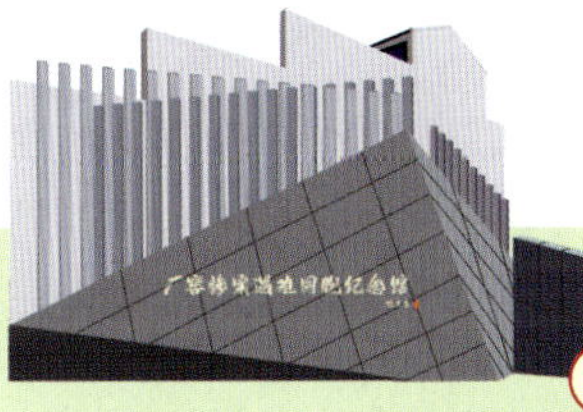

8

1943年5月，侵华日军悍然发动江南歼灭战，在厂窖地区实行惨无人道的杀光、烧光、抢光的“三光”政策，屠杀我同胞3万余人，制造了继南京大屠杀后又一大惨案——厂窖惨案。为纪念遇难同胞，修建了厂窖惨案遇难同胞纪念馆。

9

战国时期，楚国的爱国诗人屈原被流放时，曾在汨罗江畔的玉笥山上居住过。后来屈原感到救国无望，投江而死。后人为了纪念他，便在玉笥山顶修建了屈子祠。

屈子祠是中国现存纪念屈原的唯一古建筑，也是湖湘文化和中国浩瀚诗海之源头，有“中华第一祠”之称。

广东省

广东地处中国大陆最南部，历史源远流长，发生过很多气壮山河的故事。

鸦片战争时期，广州人民积极参与抗英作战；辛亥革命时期，这里留下了许多以孙中山为首的中华儿女英勇奋斗的历史见证；新民主主义革命时期，广东的共产党组织和共产党人虽然饱经危难，但仍旧坚持不懈地高举红旗奋勇前行……

回顾历史，广东曾遭遇过太多严峻的考验。但是，广东人民在革命、建设、改革的伟大征程中始终百折不挠，书写了气势磅礴的璀璨华章。

黄花岗七十二烈士墓园是广州作为近代革命策源地的重要见证。烈士墓园内除了“黄花岗七十二烈士”之墓外，还有“中国航空之父”冯如之墓、陆军上将邓仲元之墓等。

数说广东

6 1921年春，陈独秀与谭平山等人建立了广州的共产党早期组织，成为国内6个共产党早期组织之一。

34 1949年10月2日，广东战役打响，人民解放军势如破竹，在34天里歼灭了余汉谋集团的主力6.2万余人。

1.1万 至抗战胜利时，东江纵队发展到1.1万余人，是华南敌后抗战的主力部队之一。

848 从1947年1月至1949年9月，中国人民解放军粤赣湘边纵队共进行较大战斗848次，为广东解放立下了卓越的功勋。

广州起义是中国共产党在城市建立苏维埃政权的大胆尝试。广州起义纪念馆用一个个震撼人心的展览完整展示了广州起义的过程，仿佛诉说着当年革命先烈们浴血奋战的场面和他们渴望自由的决心。

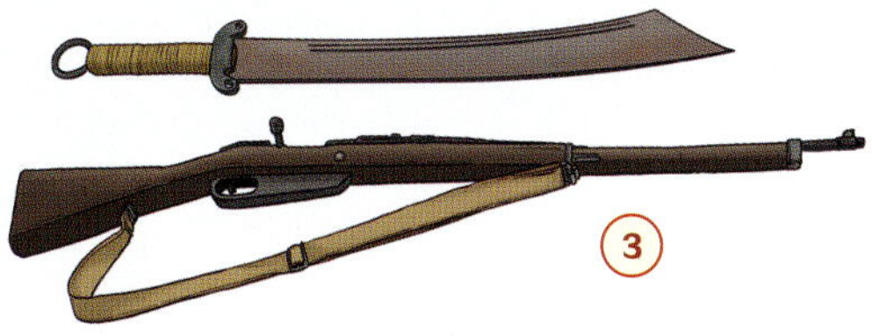

中共三大会址纪念馆馆藏——大埔农军使用的大刀

1923年6月12日至20日，中共三大在广州召开。会议正式决定同国民党合作，共产党员以个人身份加入国民党，建立革命统一战线，揭开了大革命的序幕。中共三大会址纪念馆翔实完整、鲜明生动地展示了中共三大波澜壮阔的辉煌历史。

历史再现

鸦片战争

19世纪中期，西方已经进入资本主义时代，英国成为头号工业强国，并不断向外进行殖民扩张，掠夺殖民地。为了打开中国的大门，英国发动了侵略中国的鸦片战争。

鸦片战争爆发后，清政府被洋枪洋炮吓破了胆，把主持禁烟的林则徐革职查办，改派琦善为钦差大臣，前往广东和英军谈判。1841年2月，英军趁琦善撤除战备，攻陷了广州虎门，炮击广州，后又攻陷厦门、吴淞、镇江等地，进犯南京。腐朽的清政府被迫向侵略者屈膝投降，于1842年8月签订了中国近代史上第一个丧权辱国的不平等条约——中英《南京条约》。

从此，西方列强加紧了对中国军事、政治、经济和文化的侵略、控制和掠夺，中国开始沦为半殖民地半封建社会。鸦片战争成为中国近代史的开端。

鸦片的大量输入不仅从生理和精神上毒害中国人民，还导致中国国蔽民穷。

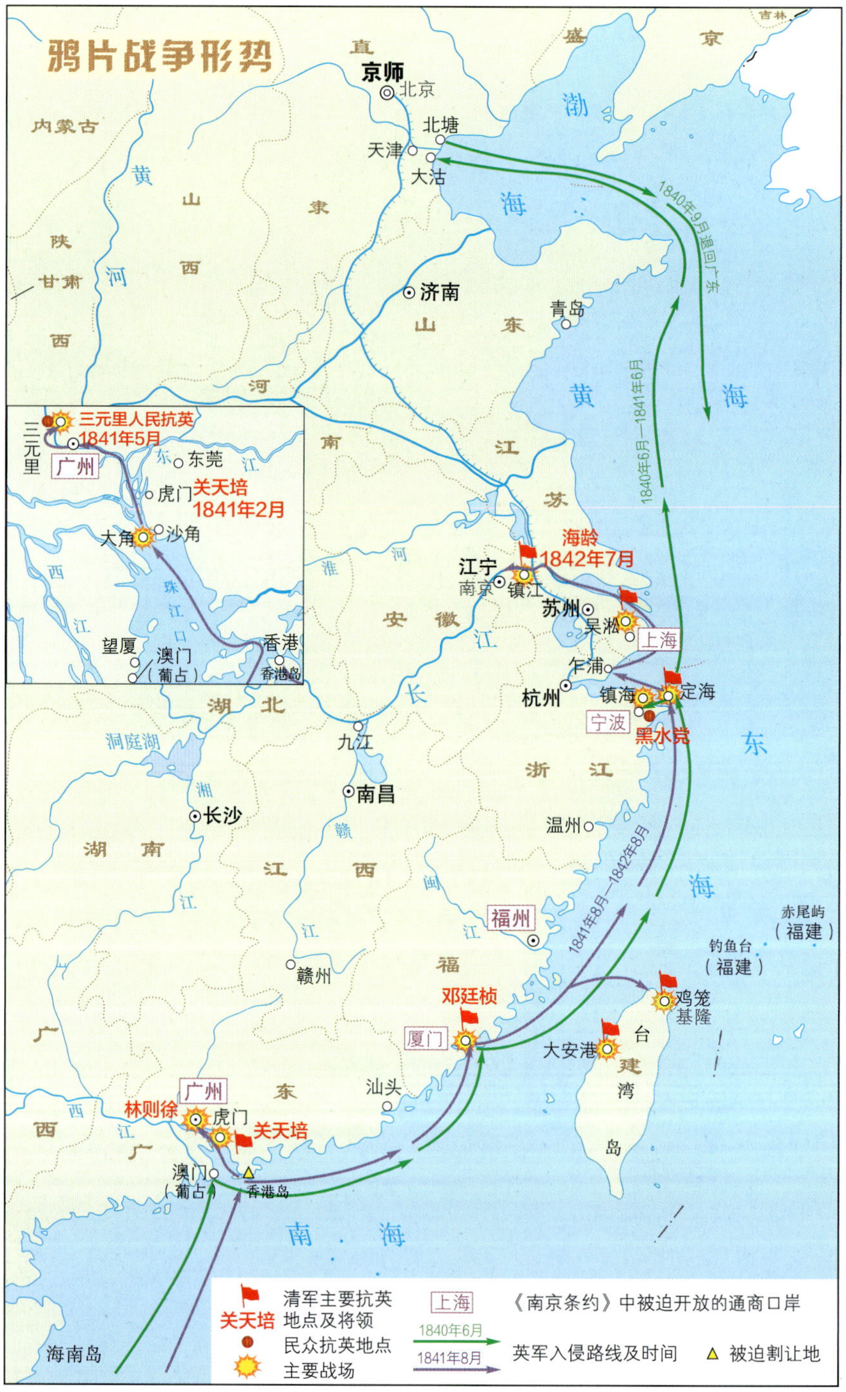

林则徐在虎门海滩的高处修造销烟池，当众销毁了收缴的110多万千克鸦片，显示了中华民族反抗外来侵略的坚强意志。

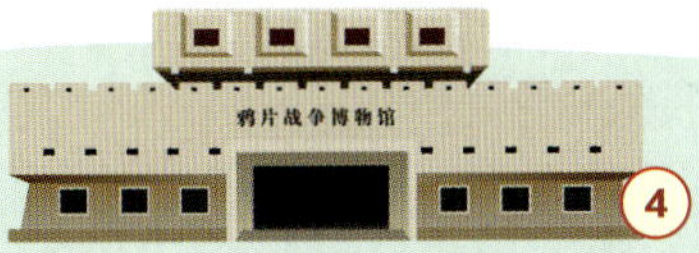

鸦片战争博物馆是纪念性和遗址性相结合的专题博物馆，真实再现了林则徐、邓廷桢和关天培等民族英雄与英国殖民者展开激烈战斗的场面。

三元里抗英斗争是近代史上中国人民第一次自发的大规模抵抗外国侵略的斗争，显示了中国人民决不屈服和敢于斗争的英雄气概。三元里人民抗英斗争纪念馆再现了这一英雄壮举。

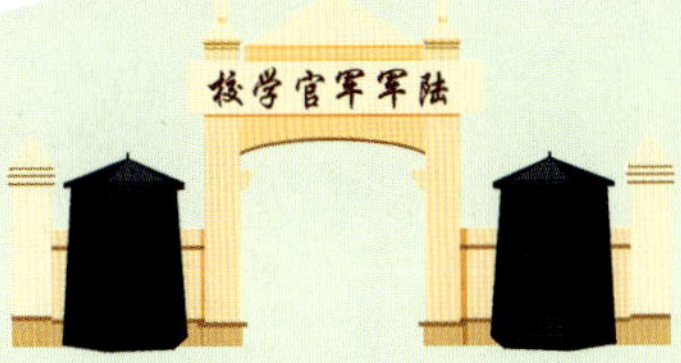

黄埔军校旧址纪念馆

在苏联和中国共产党的帮助下，1924年5月，孙中山在广州黄埔创办中国国民党陆军军官学校，亦称“黄埔军校”。孙中山兼任军校总理，蒋介石任校长，周恩来不久后担任政治部主任。黄埔军校培养了大批军事和政治人才。

1984年6月，黄埔军校旧址纪念馆正式建立，是国内唯一以保护黄埔军校历史文化建筑，展示黄埔军校发展历程为核心内容的纪念馆。在这里，我们可以通过200多张照片和100多件文物等，回顾黄埔军校的辉煌和黄埔师生英勇奋战所立下的赫赫战功，还可以了解该校创建者及曾在此工作过的革命家、军事家的光辉事迹。

走进人物

孙中山

1866年11月12日，孙中山出生于广东省香山县（今中山市）翠亨村的一个农民家庭。他9岁入村塾读书，后来赴檀香山读书，1883年回国。

1905年，孙中山等人在东京创立中国同盟会，提出“民族”“民权”“民生”三大主义。1895年至1911年，孙中山策划多次反清武装起义，屡遭挫折而斗志弥坚。1911年，孙中山领导辛亥革命，推翻了清王朝的反动统治。1912年1月1日，孙中山在南京就任中华民国临时大总统。

1912年2月13日，因革命党人与袁世凯妥协，孙中山被迫辞去临时大总统职务，4月1日正式宣布解职。

面对辛亥革命后军阀割据的局面，孙中山继续探索革命的道路。他与中国共产党合作，推动了近代中国民主革命的发展。

1925年3月12日，孙中山在北京逝世，遗嘱“必须唤起民众，及联合世界上以平等待我之民族，共同奋斗”。孙中山为了改造中国耗尽毕生的精力，立下了不可磨灭的功勋，也为后继者留下了珍贵的精神遗产。

港珠澳大桥

港珠澳大桥是一座超大型跨海通道，全长55千米，设计使用寿命120年。

2018年10月23日，这座世界上里程最长、设计使用寿命最长、钢结构最大、施工难度最大、沉管海底隧道最长、技术含量最高、科学专利和投资金额最多的跨海大桥正式开通，连接了香港、珠海、澳门三地的陆上通道。

港珠澳大桥被誉为“桥梁界的珠穆朗玛峰”。这项超级工程的建成通车，体现了中国人逢山开路、遇水架桥的奋斗精神。

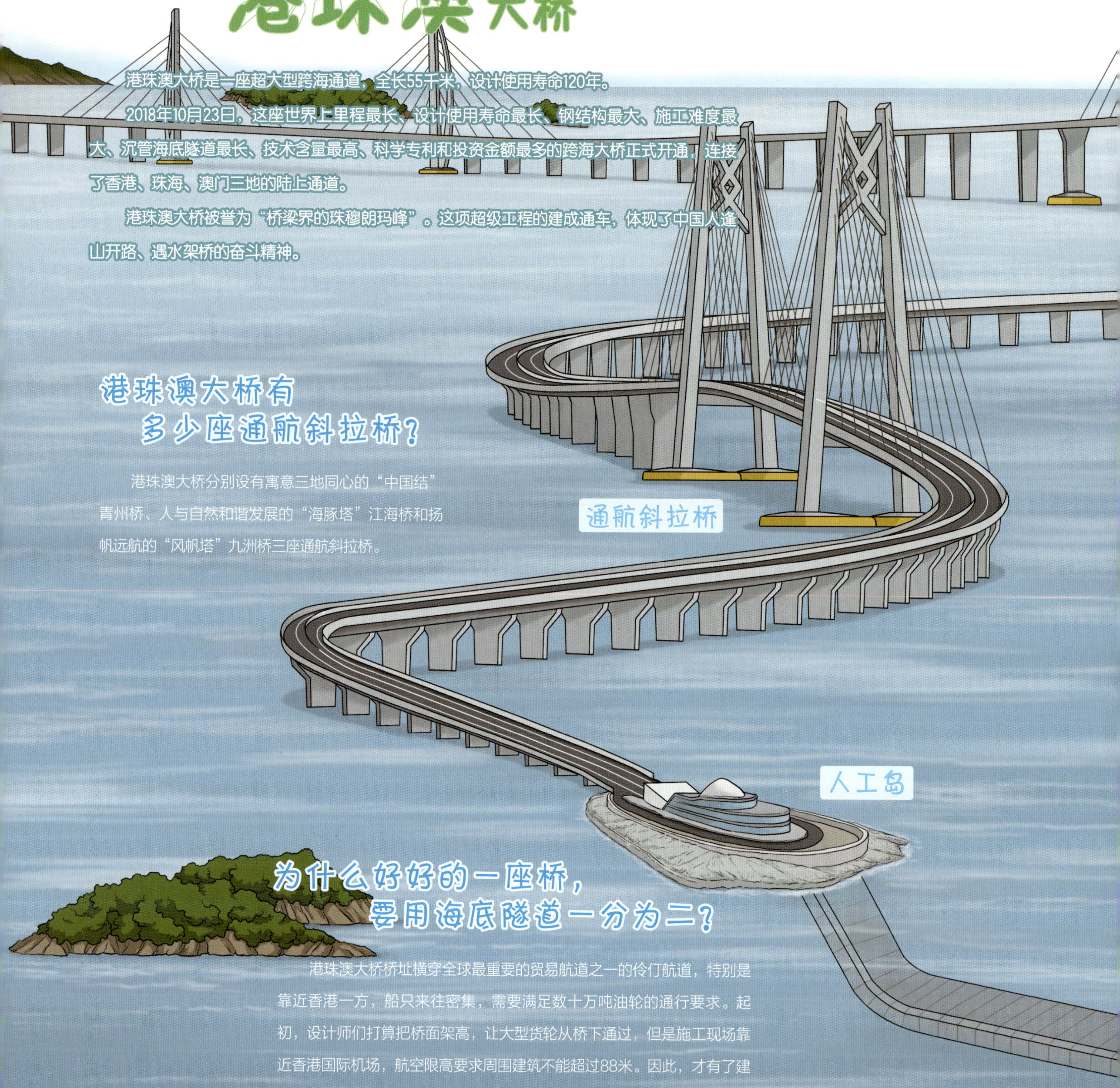

港珠澳大桥有多少座通航斜拉桥？

港珠澳大桥分别设有寓意三地同心的“中国结”青州桥、人与自然和谐发展的“海豚塔”江海桥和扬帆远航的“风帆塔”九洲桥三座通航斜拉桥。

为什么好好的一座桥，要用海底隧道一分为二？

港珠澳大桥桥址横穿全球最重要的贸易航道之一的伶仃航道，特别是靠近香港一方，船只来往密集，需要满足数十万吨油轮的通行要求。起初，设计师们打算把桥面架高，让大型货轮从桥下通过，但是施工现场靠近香港国际机场，航空限高要求周围建筑不能超过88米。因此，才有了建设“海底隧道”的大胆构想，并最终付诸实施。

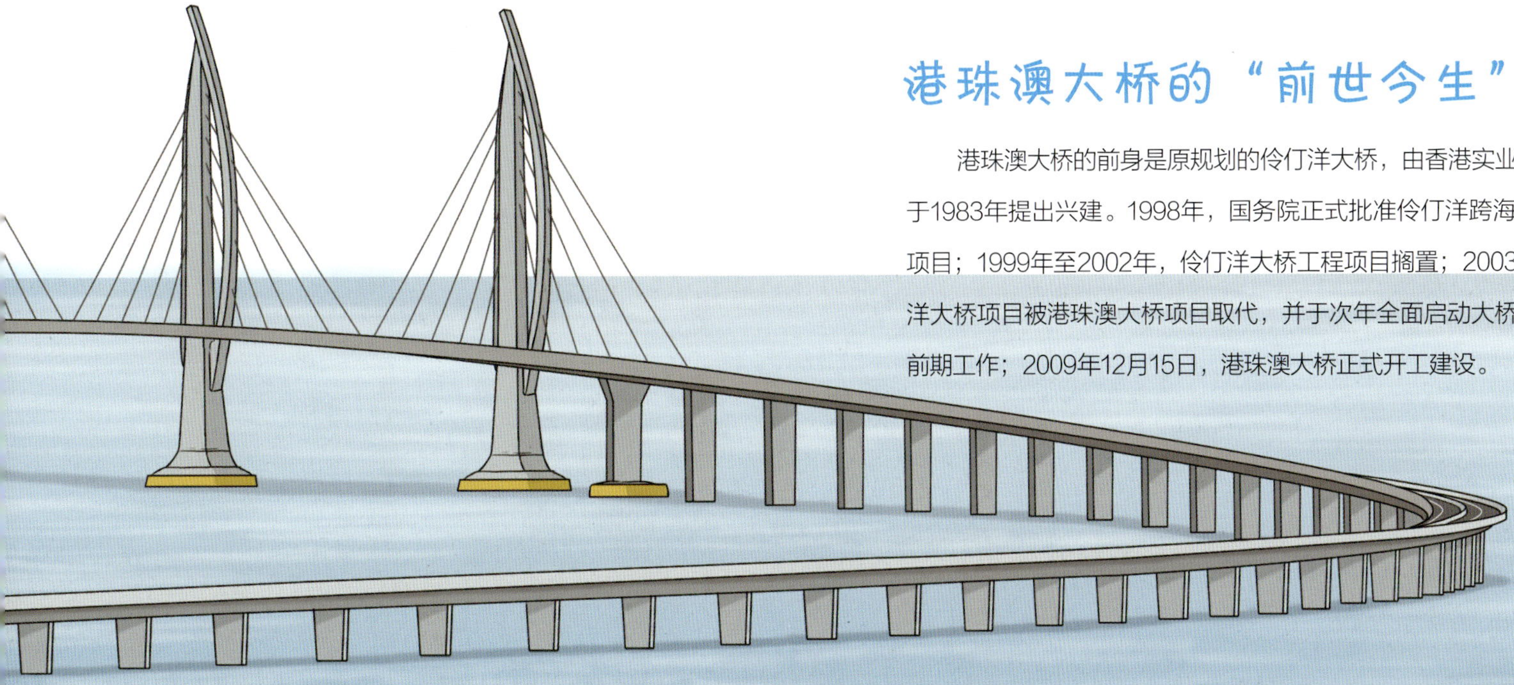

港珠澳大桥的“前世今生”

港珠澳大桥的前身是原规划的伶仃洋大桥，由香港实业家胡应湘于1983年提出兴建。1998年，国务院正式批准伶仃洋跨海大桥工程项目；1999年至2002年，伶仃洋大桥工程项目搁置；2003年，伶仃洋大桥项目被港珠澳大桥项目取代，并于次年全面启动大桥各项建设前期工作；2009年12月15日，港珠澳大桥正式开工建设。

港珠澳大桥由哪些部分组成？

港珠澳大桥整体由桥（桥梁）、岛（人工岛）、隧（海底隧道）三部分构成。桥岛隧集群的主体工程长约29.6千米，包括22.9千米的桥梁、6.7千米的海底隧道以及连接隧道和桥梁的东、西人工岛，是世界最大规模的桥岛隧集群工程。

怎么解决左右通行切换问题？

港珠澳大桥车道转换系统与四驱车跑道类似。在港珠澳大桥上，都是靠右行驶，在到达香港、澳门的地段，设计师们巧妙地设计了一个转换系统。它将两条车道分开，其中一条车道从底部穿越另一条车道，在另一侧与之合并，进而完成换向。

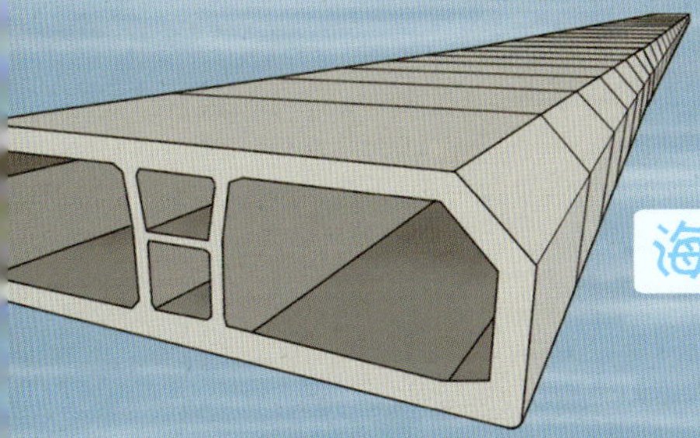

海底隧道剖面图

与中华白海豚和谐共存

港珠澳大桥所在的珠江口伶仃洋海域是有“水上大熊猫”之称的中华白海豚的重要活动区域。为了保护它们，建设者们将原计划的318个桥墩减少到了224个，把废弃淤泥运送到五六十千米外的地方倾倒……他们牺牲工期、增加投入，最终实现了海洋环境“零污染”和中华白海豚“零伤亡”目标。

海底隧道

广西壮族自治区

广西壮族自治区是中国共产党开展革命活动和建立地方组织较早的地区之一，在中国革命史上具有重要地位，拥有丰富的红色文化资源。在这片革命圣地上，发生过许多激烈、悲壮的历史事件，如恩隆暴动、百色起义、湘江战役等。

右江大地风雷起，革命烈火映南疆；英雄血染湘江渡，江底尽埋英烈骨。穿越历史的烟云，走近这片红色土地上的革命遗址遗迹，中国共产党领导广西儿女战斗的画面，犹如漫漫长夜中的一抹火光，迸发出耀眼光芒。

昆仑关战役是抗日战争的大型战役之一，也是桂南会战国民革命军投入战力最强的一场战役。

数说广西

12 广西是多民族聚居的自治区，境内居住着壮、汉、瑶、苗、侗、仫佬、毛南、回、京、彝、水、仡佬等12个世居民族。

17 韦拔群是壮族人民的好儿子，他为革命奉献了一生，他的亲属共有17人为革命牺牲，没有留下一名直系后人。

11、314 百色起义纪念碑碑园广场的入口阶梯共有314级，每级宽11米。314取自数学中的“π”，寓意百色起义精神世代流传；台阶的宽度11米代表着百色起义的日子：1929年12月11日。

3万 湘江战役是中央红军突围以来最壮烈的一战。此战役虽以中央红军的胜利告终，但中央红军由长征出发时的8万余人锐减至3万余人。

1929年12月11日，邓小平、张云逸、韦拔群等在广西领导百色起义。起义后，建立中国工农红军第七军，成立右江苏维埃政府，开始了广西西部的工农武装割据。百色起义纪念馆收藏了百色起义和左右江革命根据地大量的革命文物和史料。

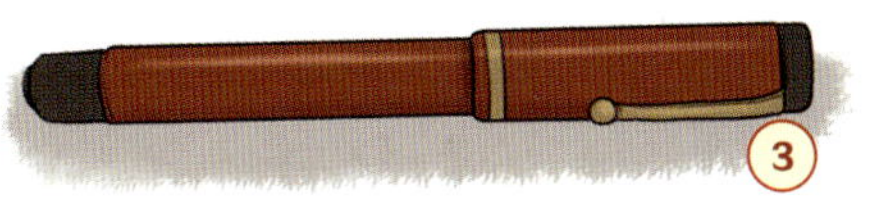

我可不是一支普通的钢笔。抗日战争时期，周恩来曾在八路军桂林办事处使用过我呢！

八路军桂林办事处见证了桂林人民如火如荼的抗日救亡运动。办事处在建立后的两年时间里，共运送军需物资100多车次，运送抗战人员1000多人次，有力地支援了前线的抗战。

④

广西烈士陵园记录了大革命时期到社会主义建设时期广西革命先烈的奋斗历程和丰功伟绩，展现了辛亥革命以来，广西人民波澜壮阔的革命历史长卷。

⑤

合浦县博物馆又称合浦汉代文化博物馆，是全国唯一以汉代海上丝绸之路历史作为专题的博物馆。馆藏文物5200多件，多来自东南亚、南亚、西亚和地中海地区，有多件文物是国内甚至是世界上首次发现的。合浦县博物馆是人们了解海上丝绸之路的重要窗口。

⑥

右江工农民主政府旧址原为经正书院。百色起义前夕，右江地区革命的主要领导人邓小平、张云逸、雷经天等工作、生活在这里。如今，这里已成为展示右江革命斗争历史的纪念馆。

我是小小讲解员

广西民族博物馆

广西民族博物馆是一座以广西民族文化为专题的博物馆，主要收藏、研究和展示广西12个世居民族的传统文化，展示广西各民族基本情况、居住与环境、生产生活方式、染织与服饰、民间工艺、节日、人生礼仪、歌舞戏剧、宗教信仰等。

博物馆主体建筑外形取材于富有广西地域特色和民族特色的铜鼓，整个建筑如一只展翅的鲲鹏，遨游于青山绿水之间。

在这里，我们会惊叹于独特的铜鼓文化，也能欣赏到广西少数民族的银饰文物，走进神奇美丽的银饰世界，还能通过广西少数民族织染绣精品展了解广西各民族的织锦、印染、刺绣等工艺。此外，壮锦精品展、背带展等，也独具地方民族特色。

⑦

红八军纪念馆是纪念邓小平亲自组织、领导和发动龙州起义，创建红八军的专题纪念馆。馆内收藏和陈列着大量的龙州起义、左江革命根据地及中国工农红军第八军珍贵的革命文物和历史资料。

走进人物

冯子材

冯子材，字南干，号萃亭，清末将领，1818年7月29日出生于广东钦州沙尾村（今属广西）。

冯子材自幼父母双亡，年纪幼小的他只得独自步入艰难时世，做过木工，护送过牛帮，甚至流落街头，备受欺凌。正是这段经历，让他嫉恶如仇、不畏强权，还练就一身好武艺。

后来，他参加反清起义，失败后接受招安。中法战争时，已年近七十的冯子材被起用为广西关外军务帮办，领导镇南关战役并取得胜利，沉重地打击了法国侵略者，史称“镇南关大捷”。甲午中日战争时期，他奉调驻守镇江，官终贵州提督。

1903年，冯子材病逝，葬于钦州。他戎马一生，在中法战争中所建立的赫赫战功永垂史册。

历史再现

湘江战役

广西兴安有句民谣：“三年不饮湘江水，十年不食湘江鱼。”讲的就是中央红军长征途中悲壮的一战——湘江战役。

1934年10月，中央红军开始长征，先后突破了国民党军的三道封锁线，于11月下旬西行至湘桂边界，即将到达湘江。

湘江是中央红军西去湘西的必经之路，也是一道天险。蒋介石调集了约30万兵力在此形成围堵之势，企图在湘江东岸全歼红军。

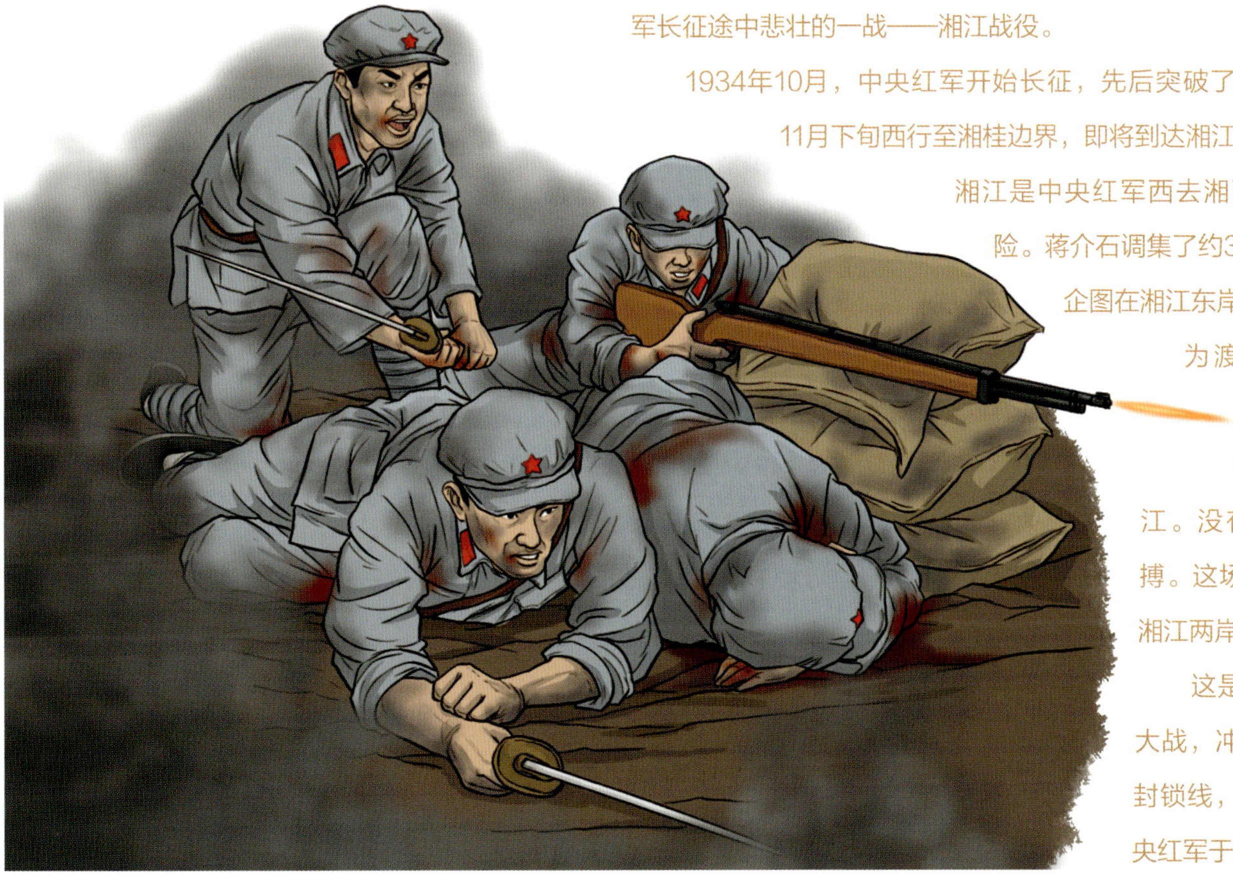

为渡过湘江，红军战士浴血奋战，在敌人狂轰滥炸和机枪扫射的险境中艰难渡江。没有子弹了，他们就和敌人肉搏。这场战役使数万红军将士长眠于湘江两岸。

这是中央红军长征路上的第一场大战，冲破了敌人精心设置的第四道封锁线，彻底粉碎了敌人妄图全歼中央红军于湘江边的阴谋。

海南省

近代以来，勤劳勇敢、富有革命精神的海南人民为反抗帝国主义、封建主义和官僚资本主义的压迫，进行了一系列不屈的斗争。红色娘子军、琼崖纵队、五指山根据地，解放海南岛、白沙起义、西沙海战、南沙海战等，为海南留下了许许多多弥足珍贵的红色遗址遗迹。

琼崖特殊的地理位置与革命历史，成就了其独具特色的红色文化，创造了孤岛奋战、红旗不倒的成功范例，为中国人民的解放事业建立了不可磨灭的历史功勋。

解放海南登陆战开创了我军渡海作战胜利的先河，创造了古今中外战争史上从未有过的用木帆船打败现代化铁甲兵舰的奇迹。为纪念此战，在登陆点建起了海南解放公园。

数说海南

23 从1927年至1950年，六连岭革命根据地军民坚持了23年艰苦卓绝的斗争，是海南坚持对敌斗争时间最长、规模最大的革命根据地之一。

50 在反动势力的疯狂反扑和围剿中，红色娘子军只存在了不到500天，却参加了50多场战斗，在琼崖革命斗争史上写下了浓墨重彩的一笔。

131 1926年6月，中共琼崖第一次代表大会在今海口市龙华区解放西路竹林里131号秘密召开，选举产生了中共琼崖地方委员会，标志着海南革命斗争在党的领导下正式展开。

506.4 全面抗战时期，日军迫切希望深入琼岛腹地，开发与掠夺铁矿等军需资源。他们在海南广抓壮丁，在民工的血与泪中，建成了全长506.4米的钢桁架桥——南渡江铁桥。

红色娘子军是红军历史上第一个成建制的完整的女兵战斗连队。娘子军出色地完成了多项任务，为琼崖革命立下了不朽的功勋，是中国妇女解放运动的一面旗帜。电影《红色娘子军》使这支革命妇女武装名扬四海、妇孺皆知。

1938年12月5日，中共琼崖特委和琼崖国民党达成团结抗日的协议，将琼崖工农红军改编为“琼崖抗日独立队”，后扩编为独立总队、独立纵队。中国工农红军琼崖纵队改编旧址介绍了琼崖纵队改编后深入发动群众，开展游击战争，建立琼崖抗日根据地等英勇奋斗的事迹。

母瑞山革命根据地曾两度保存了琼崖革命火种，被誉为琼崖革命的摇篮。母瑞山革命根据地纪念园陈列了海南在新民主主义革命时期的革命斗争史料及珍贵文物，展示了海南人民长期进行革命斗争的光辉历程。

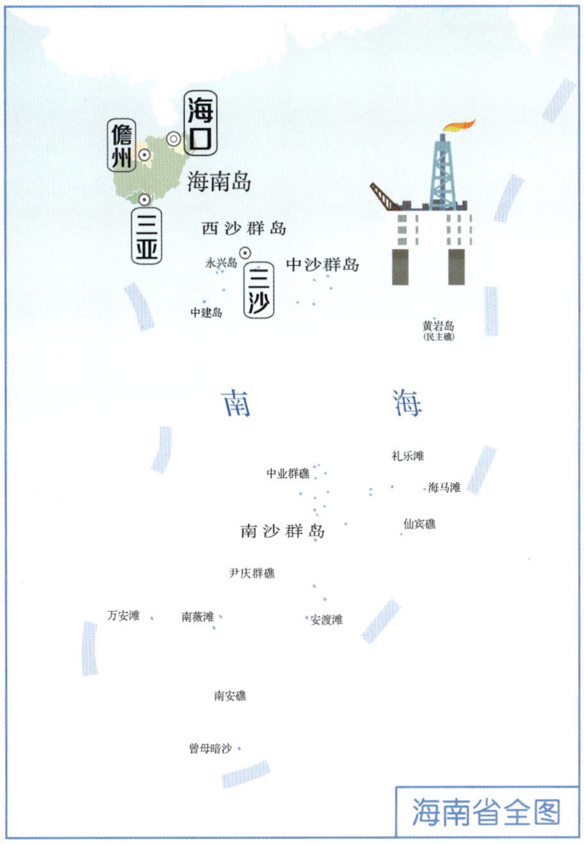

海南省全图

重庆市

重庆，是抗日战争时期国民政府战时首都和世界反法西斯战争远东指挥中心，也是中国共产党倡导的、以国共两党合作为基础的抗日民族统一战线的重要政治舞台。

它是一座英雄之城，是红岩精神的起源地、巴渝文化的发祥地。这里有中国唯一的中华民族抗日战争胜利纪念碑，也曾是世界反法西斯阵营东方主战场的政治文化中心，无数革命先辈在此云集，贡献自己的智慧。

在异常艰难的斗争环境下，重庆人民以顽强不屈的意志、大无畏的精神，谱写了一篇篇宏伟壮丽的革命史诗。

数说重庆

43 重庆谈判是中国共产党和中国国民党在重庆进行的一次历史性会谈。经过了43天的艰苦谈判，国共双方签订了“双十协定”。

218 抗日战争期间，日本对重庆进行了长达五年半的战略轰炸。据不完全统计，这段时间，日本对重庆进行轰炸218次，造成1万多名群众死亡，市区大部分地区被摧毁。

505 成渝铁路全长505千米，是新中国自行设计、修筑的第一条铁路。

5034 为了新中国的建立和建设，无数万州英雄儿女献出了他们宝贵的生命。万州革命烈士陵园内镌刻记述了5034名英雄的事迹。

中国人民志愿军一级英雄邱少云在夺取391高地的战斗中，为了不暴露潜伏部队，任由大火吞噬自己，壮烈牺牲。邱少云烈士纪念馆展现了他崇高的集体主义精神和顽强的革命意志。

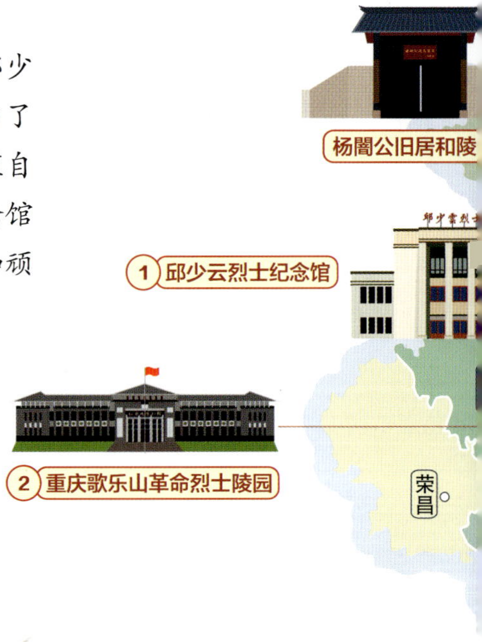

重庆歌乐山革命烈士陵园原为“中美合作所”集中营旧址，爱国将领杨虎城，新四军军长叶挺，共产党人罗世文、车耀先、江竹筠等人都曾被关押于此。1949年，重庆解放前夕，国民党特务对囚禁在这里的300多位革命者实行了集体大屠杀，制造了“一一·二七”大惨案。

聂荣臻元帅陈列馆以收藏聂荣臻元帅生平等主题的革命近现代文物为主。馆内还陈列着新中国成立50周年阅兵式中展示的国产先进武器装备、长征系列火箭、各种人造卫星等声光电结合的模型。

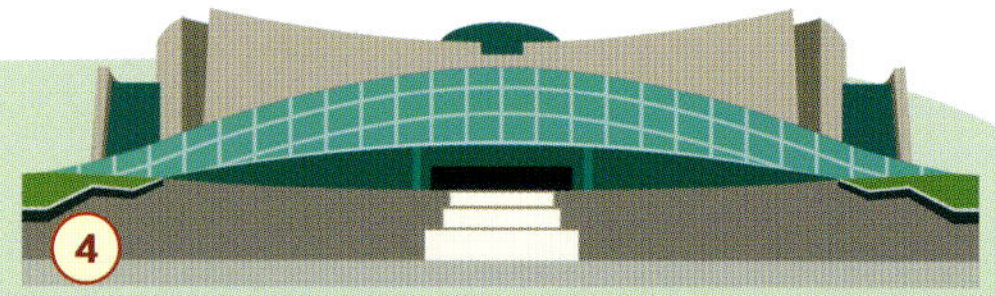

4

重庆中国三峡博物馆（重庆博物馆）是一座集巴渝文化、三峡文化、抗战文化、移民文化和城市文化等为特色的历史艺术类综合性博物馆。全馆现有馆藏文物11.5万余件套，不仅有数量众多的巴渝青铜器，石碑题刻、古琴也是这里的特色收藏。

5

刘伯承是中国无产阶级革命家和军事家，中国人民解放军创建人和领导人之一，被称为战场上的“军神”和“智多星”。刘伯承同志纪念馆再现了刘伯承元帅充满传奇的一生。

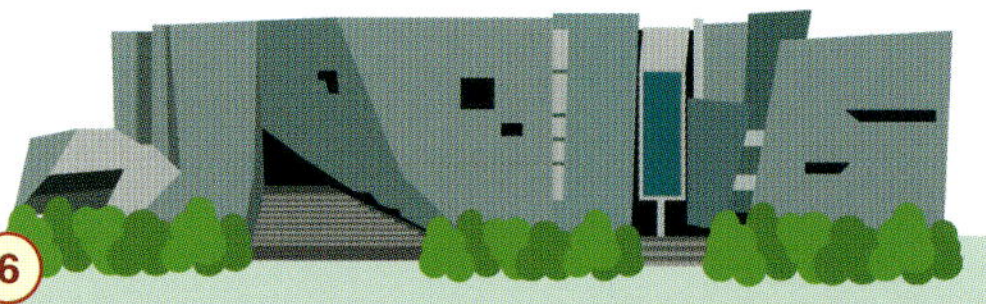

6

重庆三峡移民纪念馆是全国唯一一座为纪念三峡工程百万大移民而修建的专题性纪念馆，也是三峡库区重要的历史文化和移民文化收藏、保护、研究和展示中心。纪念馆的展览通过多种形式构建三峡移民的集体记忆空间，全景展示三峡库区的人文风貌和历史文化。

7

特园本是民盟元老鲜英的公馆，后成为中国共产党及各民主党派活动的重要场所，是中国政治协商制度创立和实践的历史见证。特园中国民主党派历史陈列馆是全国统战系统唯一的国家一级博物馆，也是第一个以中国民主党派历史为主题的博物馆。

走进人物

杨闇公

1925年10月，中共四川地方委员会成立，首任书记是一位年仅27岁的共产党员，他叫杨闇公。

杨闇公，又名杨尚述，是杨尚昆同志的四哥，生于1898年3月，四川潼南（今属重庆）人。他从少年时期就开始接受爱国主义教育，立志探索救国救民的道路。1924年冬天，杨闇公加入中国共产党。

在大革命走向高潮之际，杨闇公担负起了领导四川人民革命的重任。1927年春，四川反动军阀与蒋介石勾结起来，残害共产党人和革命群众。3月31日，杨闇公组织重庆群众集会，抗议英、美帝国主义炮轰南京的罪行。反动军阀对集会群众进行血腥镇压，酿成惨绝人寰的重庆“三三一”惨案。

惨案发生以后，杨闇公不幸被捕。审讯时，敌人要他下跪，他宁死不屈膝，被敌人打断了双腿。1927年4月6日深夜，杨闇公被反动派割舌、剜目、断手后，身中三弹，壮烈牺牲。

英勇不屈的共产主义战士杨闇公以他29岁的壮丽青春，谱写了一曲气贯长虹、惊天动地的正义之歌。

红岩革命纪念馆

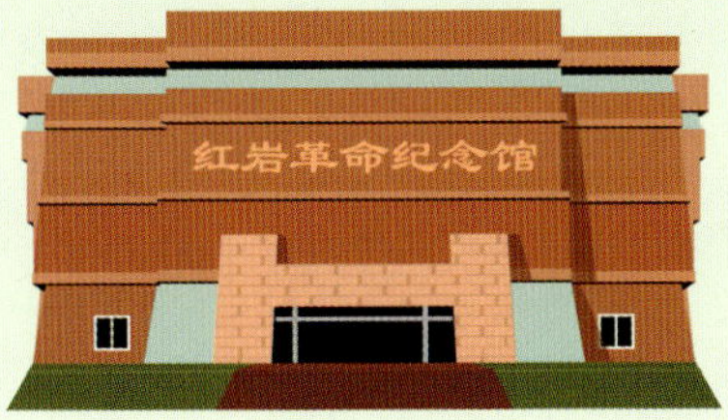

红岩村是抗日战争时期中共中央南方局的活动基地，是中国共产党在国民党统治区巩固和发展抗日民族统一战线、领导人民群众进行革命斗争的中心。它就像嘉陵江畔的一盏“雾都明灯”，诉说着坎坷曲折的历史。1958年，红岩革命纪念馆在红岩村原八路军重庆办事处旧址建成开放。纪念馆的整个外墙体采用红色花岗石干挂而成，整幢建筑由下向上倾斜，宛如一块卧倒的巨大的红色岩石，象征和隐喻着中国共产党人在这里培育的红岩精神如磐石，永放光芒。馆中珍藏着数以千计的历史文物，全面展示了抗战以来中共中央南方局光辉而丰富的历史以及所孕育的伟大红岩精神。

刘邓大军挺进大西南

1949年春，毛泽东主席、朱德总司令发布向全国进军的命令。同年11月，刘伯承、邓小平奉命率第二野战军进军大西南。

在湖南茶峒，刘邓大军遭遇了国民党军的强烈阻击。敌军封锁了洪安与茶峒之间的所有通道，妄图阻止刘邓大军入川。刘邓大军在群众的协助下，冒着枪林弹雨强行抢渡清水江，解放了边城洪安，使其成为了解放大西南的第一站。

随后，刘伯承、邓小平领军从洪茶渡口西进秀山县城，进驻凤鸣书院。在这里，他们指挥各路大军入川，部署了著名的成都战役，正式拉开了刘邓大军解放大西南的序幕。

四川省

四川是一片充满红色印记的革命热土。在各个历史阶段，四川儿女以其特有的精神风貌，在巴蜀大地谱写了壮丽的奋斗之歌。

这片红色大地有着众多光辉的革命事迹：翻越夹金山，开启了波澜壮阔的北上新征程；强渡大渡河，打破了敌人的“剿灭”计划；飞夺泸定桥，粉碎了敌人将红军变成第二个石达开的美梦……这些红色历程赋予了四川丰富的革命遗址遗迹，它们承载着光辉的革命历史、英勇的革命事迹和顽强的革命精神，更成为今天巴蜀人民建设美丽家园的红色资源。

数说四川

1/5 “无川不成军”。抗日战争时期，四川是全国出兵最多的省，约占全国兵源的1/5。

4 巴蜀人杰地灵，英雄辈出，是众多革命先辈的故乡。在开国十大元帅中，就有4位来自当时的四川，分别是朱德、刘伯承、陈毅和聂荣臻。

14 四川是党中央在长征途中召开会议最多的省份。长征期间，党中央在四川召开了会理会议、两河口会议等14个会议。

22 1935年5月29日，廖大珠等22位勇士组成突击队，冒着枪林弹雨率先冲过对岸桥头大火，夺取了泸定桥。

夹金山是中央红军长征翻越的第一座大雪山。红军攻克宝兴，翻越夹金山天险，留下了惊天动地的战斗故事。红军长征翻越夹金山纪念馆再现了当年红军翻越夹金山的艰辛和红军将士互助友爱、团结奋进的动人事迹。

黄继光是中国人民志愿军特等功臣、特级英雄。上甘岭战役中，黄继光在已经受伤、手榴弹用尽的情况下，用自己的胸膛堵住敌人的地堡机枪眼，英勇牺牲。

1935年5月，刘伯承和彝族果基家支头人小叶丹在彝海边歃血为盟，结为兄弟。彝海结盟使红军胜利通过彝族区，为抢渡大渡河、粉碎蒋介石围歼红军于大渡河以南的企图赢得了宝贵时间，成为长征中民族团结的典型事例。

6

金沙江巨型水电站由乌东德、白鹤滩、溪洛渡、向家坝四座电站组成，拥有百万千瓦级水轮机组等100多项领先世界的核心关键技术，是构建长江防洪体系的重要组成部分。

5

1934年的万源保卫战是红军战史上以少胜多的经典战例之一，重创了围攻川陕苏区的川军主力刘湘部，为红四方面军主力转入反攻创造了条件。

7

苍溪红军渡是红四方面军长征出发地、红四方面军强渡嘉陵江战役遗址。1935年3月28日，为配合中央红军在川、黔、滇边境地区的作战行动，红四方面军全面发起强渡嘉陵江战役。此战役历时24天，歼敌约12个团共计万余人，攻克县城8座，打乱了敌人的“川陕会剿”计划。

邓小平

走进人物

1904年8月22日，四川省广安县（今广安市）协兴乡牌坊村的一个普通家庭里，一个婴儿呱呱坠地。他，就是伟大的无产阶级革命家、政治家、军事家、外交家——邓小平。

邓小平，原名邓先圣，学名邓希贤。5岁时，他被父亲送往私塾接受启蒙教育，高小毕业后考入广安县中学。

1920年，年仅16岁的邓小平怀揣“工业救国”的理想与对知识的渴望，前往法国勤工俭学。1924年成为中国共产党党员，从此矢志不渝为党和人民事业奋斗了70多年。

1927年春，邓小平回国，全身心地投入到争取民族独立和人民解放的革命斗争中。他为新民主主义革命的胜利和新中国的诞生，建立了赫赫功勋。

在社会主义革命和建设时期、改革开放时期，邓小平同样作出了杰出贡献。1997年2月19日，邓小平在北京逝世。他的一生，同中国革命、建设、改革的历史进程紧紧相连，同中华民族抗争、独立、振兴的历史进程紧紧相连。

邓小平是中国改革开放和现代化建设的总设计师，中国特色社会主义道路的开创者，邓小平理论的主要创立者。他所倡导的改革开放及“一国两制”的政策理念，改变了20世纪后期的中国，也影响了世界。

我是小小讲解员

5·12汶川特大地震纪念馆

5·12汶川特大地震纪念馆位于四川省北川羌族自治县曲山镇任家坪，是全国唯一的国家级地震主题纪念馆。

纪念馆包括北川老县城地震遗址、沙坝地震断层遗址、唐家山堰塞湖地震遗迹和防灾减灾宣教中心等，主要讲述抗震救灾、灾后重建和科学发展的伟大历程，是开展地震科普研究和防灾减灾教育的重要基地。

走进纪念馆主、副馆，映入眼帘的是名为“裂缝”的主体建筑，寓意“将灾难时刻闪电般定格在大地之间，留给后人永恒的记忆”。整个建筑造型以大地景观的手法，通过地面切割、抬起，形成主要的建筑体量，并通过下沉广场和步道向外延伸，与平缓的草坡融为一体，局部翘起露出地面，寓意新生和希望。北川老县城地震遗址是全世界唯一整体原址原貌保护的规模最大、破坏类型最全面、次生灾害最典型的地震灾难遗址区。

历史再现

强渡大渡河

大渡河南岸的安顺场曾是太平天国石达开北渡失败之处，地势险要，两侧高山，中间河谷，无回旋余地。中央红军渡过金沙江后，蒋介石妄图重演历史，凭借大渡河天险南攻北堵，将中央红军围歼于大渡河畔。

1935年5月24日晚，红军攻占大渡河右岸的安顺场。面对这条又宽又急的河流，红军唯一的希望就是那只刚缴获的木船。25日，由17名勇士组成突击队，冒着守军密集火力，乘船强渡大渡河成功。此后，红军陆续渡河。至6月2日，中央红军全部渡过大渡河，蒋介石歼灭红军于大渡河以南地区的企图彻底破产。

都江堰水利工程

四川成都平原西部都江堰市西侧的岷江上，有一座宏伟的水利工程——都江堰水利工程。这项工程主要由鱼嘴、飞沙堰、宝瓶口三部分构成，以无坝引水为特征，既能消除水患又能灌溉田地，被誉为“世界水利文化的鼻祖”。

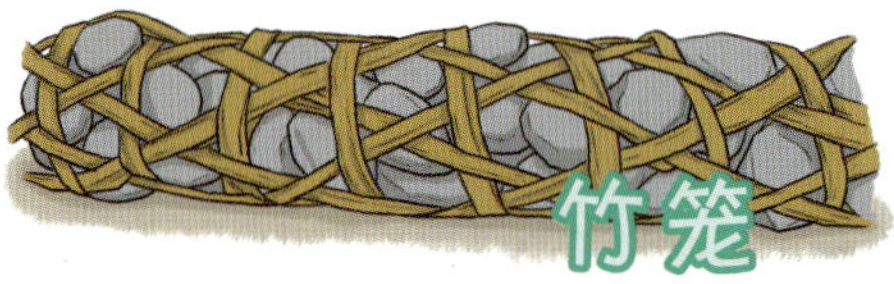

竹笼

人们先将长3丈、宽2尺的大竹笼里塞满鹅卵石，再将沉重的大竹笼一个个沉入江底，成功构筑了分水堰，让江水通过内江流向成都平原。

放水节

从都江堰建成开始，每到冬季，川西人便用杩槎筑成临时围堰，使岷江水或入内江，或入外江，再分别淘修河床，加固河堤，这就是“岁修”。

清明时节，岁修结束，人们便举行盛大的放水仪式，拆除杩槎，让岷江水直入内江，灌溉成都平原。放水之日还要在二王庙祭祀李冰父子，以祈求五谷丰登、国泰民安。

飞沙堰

飞沙堰是一座高出河床仅2米的低堰，主要功能是把从上游冲下来的沙石排走，起到防洪排沙减灾的作用。

宝瓶口

宝瓶口是都江堰“节制闸”和“咽喉”，它犹如瓶口一样，严格控制着进入成都平原的江水流量。

李冰父子治水

公元前256年，李冰被秦昭王任命为蜀郡太守。蜀郡当时是旱涝之地，民不聊生。在全面了解蜀郡的水情和地势等情况后，李冰确定了“因势利导、顺势而为”的治水思路。随后，他和儿子带领民工着手治理岷江水患。通过他巧妙的设计，减少了岷江雨季时进入成都平原的水流量，同时增加了其旱季时的水流量，让蜀郡成为“水旱从人，不知饥馑”的天府之国，造福了当地百姓。

鱼嘴

鱼嘴修筑于岷江江心，形似大鱼卧伏江中。江水奔流到鱼嘴后会被分割成两股水流，把岷江分为了内外两江。

二王庙

二王庙原为望帝祠，后改建更名为崇德庙。宋以后，李冰父子相继被敕封为王，因此又改称二王庙。

玉垒山

如何在当时有限的条件下开凿玉垒山？李冰等人想了一个好办法，先在岩石上凿出一些槽，然后用干草和树枝混合着填满槽缝和石缝。随后把燃料点着，让岩石的温度迅速上升。这时，再用冷水猛地浇上去，利用热胀冷缩的原理使岩石开裂。

贵州省

贵州是红军长征途经的重要省份，有许多与长征相关的重要遗址遗迹——遵义会议等重要会议会址，四渡赤水、强渡乌江等重要战役遗迹……更有无数的红色传奇。

当年红军长征路上的一个个鲜红的烙印，深深镶嵌于黔山秀水之间，带给人们难忘的红色记忆，并在新的历史条件下，谱写着一支激荡奔流的进行曲。

“四八”烈士王若飞是一位杰出的无产阶级革命家，他对党忠诚，面对严刑拷打宁死不屈。王若飞故居展示了他的光辉事迹和“一切要为人民打算”的“若飞精神”。

数说贵州

3 红军长征途中，贵州境内发生了3场著名战役，即强渡乌江、四渡赤水、遵义战役。

1000 乌蒙山回旋战是红二、红六军团离开湘鄂川黔根据地转入流动作战后，在最危险的处境考验下，由被动转为主动的关键一战。红军在敌阵之中穿插转战1000余里，成功打破国民党军“围歼”计划。

68 长征期间，红军足迹遍布贵州的68个县（市、区），占全省88个县（市、区）的2/3以上。

国内第一家以“三线文化”为主题的博物馆

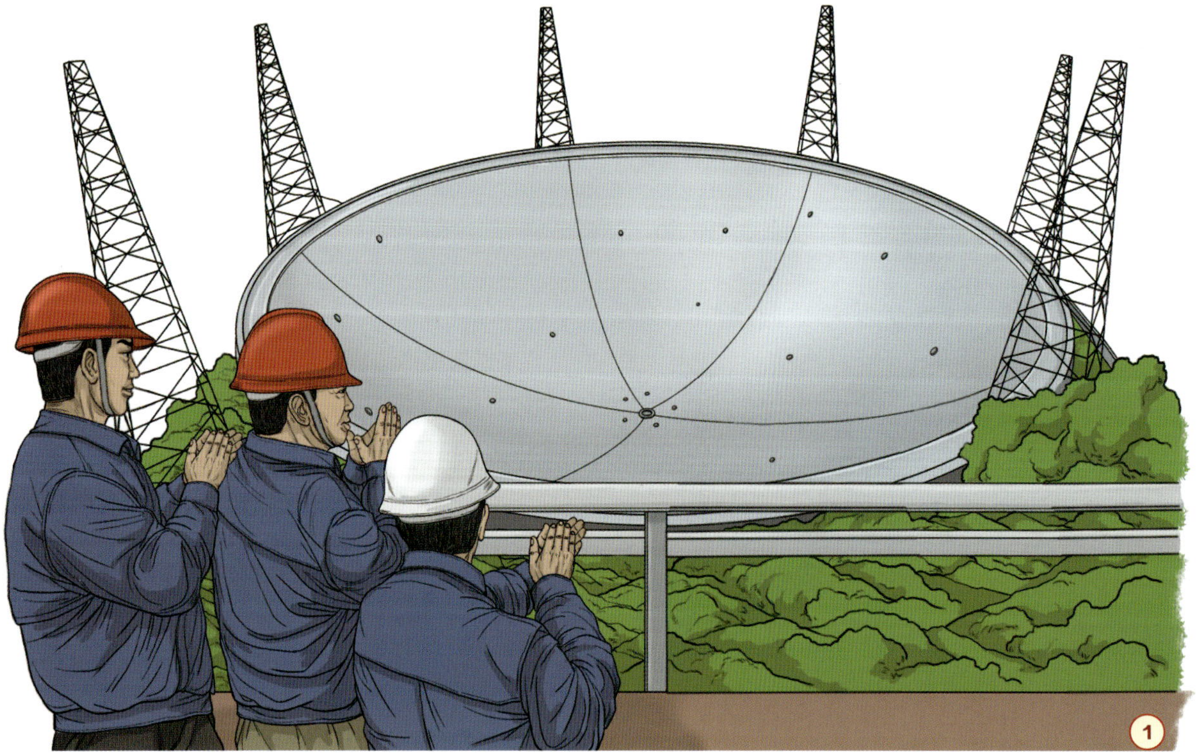

中国科学院国家天文台FAST观测基地拥有世界最大单口径、最灵敏的射电望远镜，其综合性能达到国际领先水平。

出生于贵州荔波的邓恩铭是山东最早的马克思主义传播者、山东工人运动的开拓者和领导者，也是山东党组织重要领导人，被国民党当局杀害时，年仅30岁。邓恩铭烈士纪念馆展现了他短暂而光辉的一生。

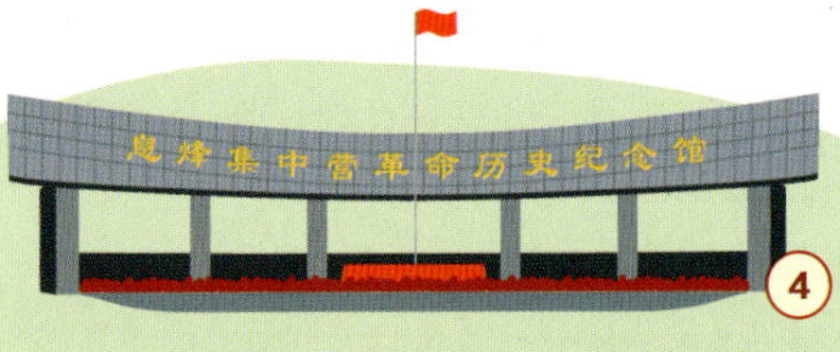

息烽集中营是抗日战争时期国民党设立的专门关押共产党人和爱国进步人士的规模最大、管理最严、等级最高的一所秘密监狱，军统内部称之为“大学”。这里先后关押共产党人、进步人士1200余人，著名爱国将领杨虎城曾经就被关押在此。

红二、红六军团木黄会师，把来自不同战略区域的两支红军组成了一股强大的革命力量，为红二方面军的诞生奠定了基础，是两军团进入新的历史时期的转折点和里程碑。

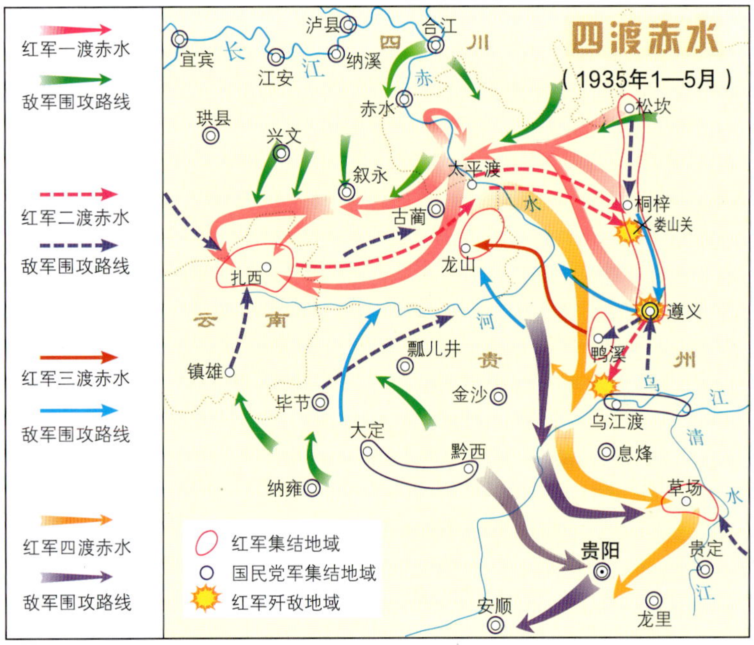

历史再现

四渡赤水

四渡赤水战役是遵义会议之后，中央红军在国民党几十万重兵围追堵截的艰险条件下，进行的一次决定性运动战战役。

一渡赤水河，迫使国民党军汇聚川南，造成黔北空虚。二渡赤水河，红军向黔北猛杀回马枪，突破桐梓、攻克娄山关、再占遵义城，取得了长征以来的第一次重大胜利，蒋介石恼羞成怒，又指挥部队向遵义蜂拥而来。红军三渡赤水河，将国民党重兵再次引入川南，而红军又虚晃一枪，四渡赤水河，并南下突破乌江，直逼贵阳。这时，正在贵阳督战的蒋介石吓得魂飞魄散，严令云南国民党军阀部队火速东进“救驾”……中央红军趁金沙江防线空虚，直驱金沙江，从容渡江北上，打乱了敌人的“追剿”计划。

四渡赤水战役是古今中外战争史上以少胜多、变被动为主动的光辉战例，被西方评论家称赞为“长征史上最光彩神奇的篇章”，也是毛泽东军事生涯中的“得意之笔”。

我是小小讲解员

遵义会议纪念馆

贵州省遵义市红花岗区子尹路96号，有一幢沿街而立的二层小楼，这就是遵义会议纪念馆。纪念馆入口处，毛泽东题写的“遵义会议会址”匾额熠熠生辉，庄严肃穆。

1935年1月15日至17日，在红军第五次反“围剿”失败和长征初期严重受挫的历史关头，中共中央政治局在这里召开了具有伟大转折意义的遵义会议，集中解决了当时党内所面临的最迫切的组织问题和军事问题。遵义会议开始确立以毛泽东为主要代表的马克思主义正确路线在中共中央的领导地位，在极其危急的情况下，挽救了党，挽救了红军，挽救了中国革命，是中国共产党历史上一个生死攸关的转折点。

历史虽已远去，但走进这里，珍贵的文献实物、历史图片等，依然能让我们感受到伟大转折的历史回响。

遵义会议参会人员

政治局委员：

毛泽东　张闻天　周恩来　朱德

陈云　博古

政治局候补委员：

王稼祥　刘少奇　邓发

何克全（凯丰）

红军总部和各军团负责人：

刘伯承　李富春　林彪　聂荣臻

彭德怀　杨尚昆　李卓然

中央秘书长：邓小平

列席会议的有：李德　伍修权

忆秦娥·娄山关

毛泽东

西风烈，长空雁叫霜晨月。

霜晨月，马蹄声碎，喇叭声咽。

雄关漫道真如铁，而今迈步从头越。

从头越，苍山如海，残阳如血。

6

娄山关红军战斗遗址展现了毛泽东、周恩来等率领红军大战娄山关，取得红军长征以来的第一次大胜利的光辉历史。《忆秦娥·娄山关》描绘了红军征战娄山关的激烈场景。

7

遵义红军烈士陵园埋葬着许多红军战士的遗骨。红军长征中牺牲的最高将领邓萍的陵墓也坐落在这里，供后人瞻仰。

云南省

云南，是红军长征经过的重要省份之一，也是抗战时期全国的大后方。云南各族人民在关键时刻挺身而出、勇担大任，克服了种种困难，在这片美丽丰饶的云岭大地上书写了英勇奋斗的动人故事。

如今的七彩云南风光依旧，百姓幸福安康，民族团结之花遍放。云南革命先烈和早期共产党员的革命事迹和英雄壮举、红军长征过云南留下的革命精神等，永远值得世人铭记。

滇西抗战纪念馆（腾冲国殇墓园）是为了纪念1944年收复腾冲的中国远征军第二十集团军阵亡将士及死难民众而修建的，是云南仅有、中国少见的大型抗日战争纪念陵园。

数说云南

1 1931年底，在一位壮族农民的带领下，红军队伍第一次踏上位于云南、贵州、广西交界处的富宁，这里成为了云南第一块红色革命根据地。

7 1935年5月，数万名红军一边阻击追敌，一边用几艘木船，在当地船工的帮助下昼夜渡江。历经7天7夜，红军最终从皎平渡口顺利渡过金沙江，摆脱了敌军的围追堵截。

8.1、7.1和5.1 石鼓镇红军长征渡江纪念碑通高8.1米，碑身高7.1米，碑座呈方形，边长5.1米，分别寓意建军纪念日、党的生日和无产阶级政权。

35 遵义会议后，红军在云南省威信县集结，先后在水田寨、大河滩、扎西镇等地召开了一系列重要会议。这些会议被统称为“扎西会议”，被列为红军长征35个重要事件之一。

1945年12月1日，国民党反动派制造了震惊全国的“一二·一”惨案，致使四名师生遇难，昆明师生掀起了更大规模的反内战、争民主运动。“一二·一”运动是抗日战争胜利后，中国共产党领导的第一次大规模的学生爱国民主运动，使国民党反动派在政治上陷于被动。

云南陆军讲武堂是对中国近代史产生过重要影响的早期著名军事院校，这里走出了以新中国开国元勋朱德、叶剑英为代表的一大批杰出军事将领。

西藏自治区

西藏有巍峨的山脉，有亘古的冰川。境内的喜马拉雅山脉绵延不绝，气势磅礴的雅鲁藏布江奔流不息……

西藏自古以来就是中国不可分割的一部分。在中国共产党的领导下，西藏摆脱了列强的觊觎，实现了和平解放；在中国共产党的领导下，西藏社会实现了由封建农奴制度向社会主义制度的历史性飞跃……

这片令人神往的雪域高原，以其壮美迷人的自然景观和悠远厚重的文化底蕴，在祖国的西南边陲熠熠生辉，诉说着“民族团结一家亲”的动人故事。

数说西藏

8 西藏面积120多万平方千米，约占中国总面积的八分之一，是中国西南边陲的重要门户。

17 《十七条协议》是《中央人民政府和西藏地方政府关于和平解放西藏办法的协议》的简称。它的签订宣告了西藏和平解放，有力地维护了国家主权、祖国统一和领土完整，为西藏未来的发展指明了方向。

3000 为了解放西藏，解放军踏上了攀雪山、过险滩、走草地的征程，历时一年零九个月，完成高原行军3000千米，被誉为“第二次长征”。

4360 西藏和平解放后，10万余军民以“英雄不怕苦，战士何惧寒”的豪情壮志，修筑了总长4360千米的川藏、青藏公路，结束了西藏没有公路的历史。

拉萨烈士陵园内安葬着在和平解放西藏、修筑川藏和青藏公路、西藏平叛和民主改革、中印自卫反击战等重大历史事件中牺牲的800名烈士。夏辅仁、孔繁森等的陵墓也建在园内。

山南烈士陵园内安葬着在和平解放西藏、西藏平叛和民主改革、中印自卫反击战，以及在西藏的社会主义革命和建设事业中英勇牺牲的781位烈士，是西藏自治区规模最大、资料最完整的革命烈士纪念建筑。

西藏百万农奴解放纪念馆是我国唯一一座关于废奴运动的纪念馆，展示了在中国共产党的带领下，西藏百万农奴摆脱封建农奴制枷锁，翻身解放、当家作主的伟大历史变革。

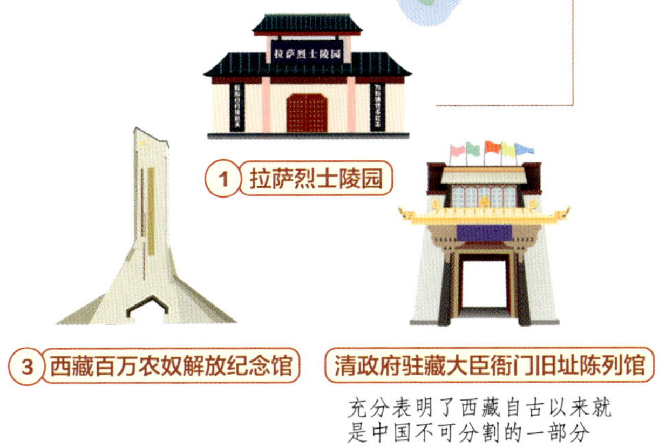

江孜保卫战是西藏近代史上抗击外国侵略者规模最大、最为惨烈悲壮的战斗之一。江孜抗英遗址见证了西藏军民英勇抗击入侵英军的历史。

陕西省

陕西位于黄河中游，是中华民族重要的发祥地。

蓝田猿人遗址、半坡遗址、黄帝陵等讲述着这片土地的古老传说；气势磅礴的兵马俑、张骞西拓丝路等标志着陕西古代文明的灿烂与辉煌。

在近代中国革命史上，陕西更具有重要的地位。1935年，红军长征到达延安，以毛泽东为首的党中央在这里领导中国革命十余载，取得了抗日战争和解放战争的伟大胜利。

翻开风云激荡的陕西革命史和建设史，无数革命先辈以坚如磐石的理想信念、百折不挠的英雄气概，创造了一个又一个奇迹。

数说陕西

12 直罗烈士陵园中安葬着12名小烈士，他们来自红二十五军，大多只有十三四岁。直罗镇战役前夕，他们潜入国民党军队驻地侦察敌情，不幸被俘牺牲。

13 陕西延安是中国革命的圣地，中国共产党在此战斗和生活了13个春秋。

14 陕西曾是中国历史上的政治中心，先后有西周、秦、西汉、新、东汉、西晋、前赵、前秦、后秦、大夏、西魏、北周、隋、唐等14个王朝在此建都。

3000 1934年3月至6月，陕甘边红军共进行大小战斗30余次，歼敌3000余人，取得反“围剿”的重大胜利。

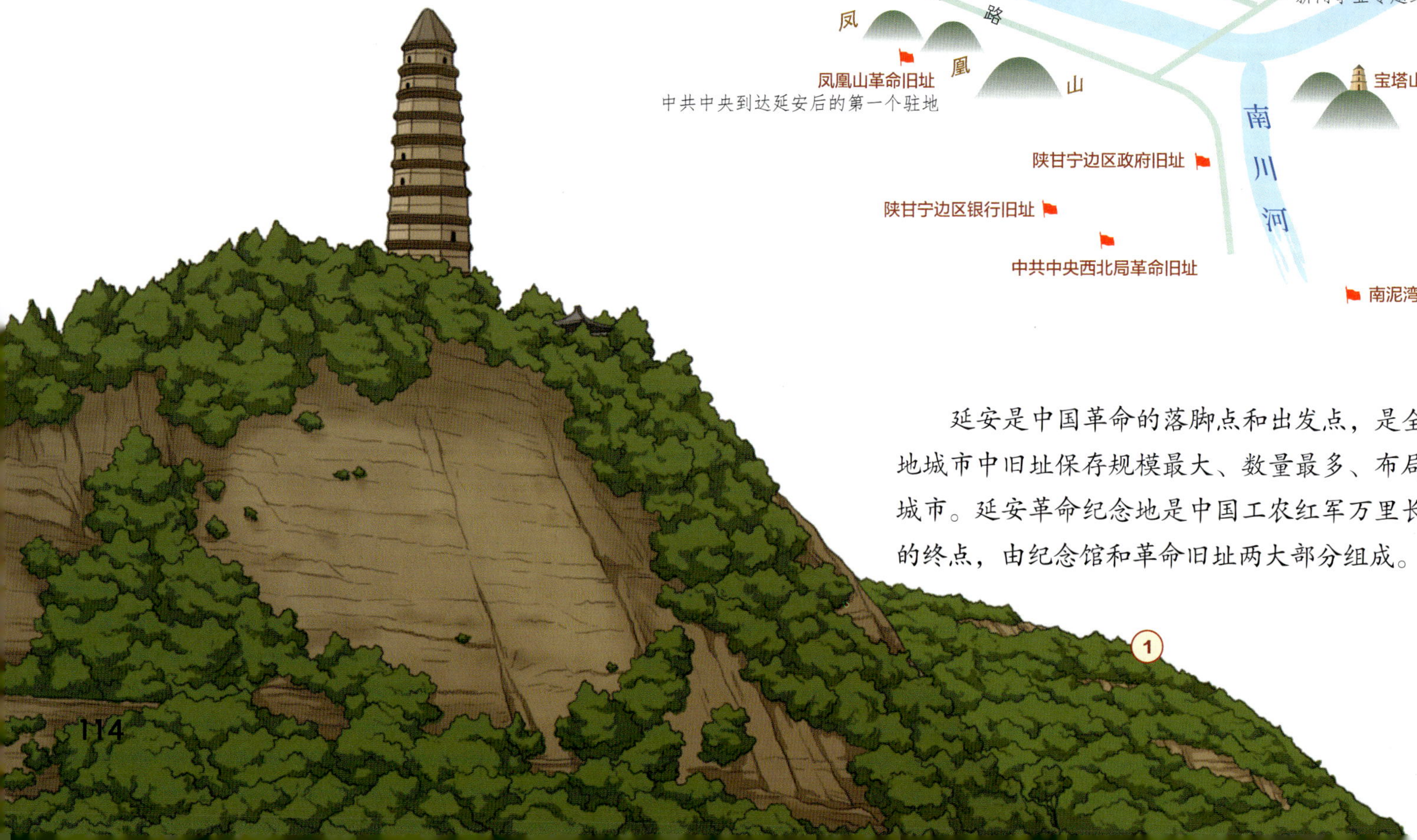

延安是中国革命的落脚点和出发点，是全国革命根据地城市中旧址保存规模最大、数量最多、布局最为完整的城市。延安革命纪念地是中国工农红军万里长征胜利到达的终点，由纪念馆和革命旧址两大部分组成。

洛川会议是中国共产党历史上一次具有重大转折意义的会议，会议制定的各项路线、方针、政策，对中国人民最终打败日本侵略者、实现民族独立具有重大历史作用。洛川会议纪念馆再现了会议的过程。

中央红军长征胜利纪念碑下部碑体高19.35米，寓意中央红军胜利结束长征的时间为1935年；碑底直径10.19米，寓意其成功到达吴起的时间为10月19日；上部雕塑和下部纪念碑体总高度25米，象征红军二万五千里的漫漫征途。

我是小小讲解员

陕西历史博物馆

陕西历史博物馆被誉为“古都明珠，华夏宝库”，是收藏和展示陕西历史文化和中国古代文明的艺术殿堂。它是中国第一座大型现代化国家级博物馆，其建成标志着中国博物馆事业迈入了新的发展里程。

博物馆的外观突出了盛唐风采，馆舍为“中央殿堂、四隅崇楼”的唐风建筑群。博物馆的藏品上起远古人类使用的简单石器，下至当代社会生活的各类见证物，时间跨度长达一百多万年。其中有精美的商周青铜器、千姿百态的历代陶俑、汉唐金银器以及唐墓壁画等珍品文物，反映了古代先民的生活情景和艺术追求，堪称陕西悠久历史和文化的象征。

皇后之玺

此印形制和印文与汉制相合，推测为汉皇后吕雉之物，是迄今发现的唯一的汉代皇后玉玺，对研究秦汉帝后玺印制度有着十分重要的意义。

三彩骆驼载伎乐俑

这尊载伎乐俑釉色明快华丽，工艺复杂，被誉为唐三彩俑中的“压卷之作”。它既体现了唐代文化艺术、制作工艺的发达，也见证了丝绸之路上的交流与交融。

鎏金舞马衔杯纹银壶

壶身正中的鎏金图案，描绘的是一匹身躯健壮、长鬃披颈的骏马。这匹马前腿直立，后腿弯曲下蹲，嘴里还衔着一只酒杯，栩栩如生，体现了唐代高超的金银器制作水平。

独孤信多面体煤精组印

这枚印章为西魏八柱国之一、鲜卑族上层人物独孤信所有，是用煤精刻制、由26个大小不一的正方形和三角形组成的多面体，其中14个正方形印面上刻着规范的楷书阴文。印文内容可分为公文用印、上书用印和书简用印三类。

错金杜虎符

杜虎符为左半符，虎作行走状，昂首，尾巴蜷曲。背面有槽，颈上有一小孔。虎符上有错金铭文9行共40字，字体为小篆，是调兵遣将的凭证。

人面鱼纹彩陶盆

此陶盆是半坡遗址出土文物中最宝贵的文物，2008年北京奥运会吉祥物福娃贝贝的头部纹饰创意灵感就来源于它。陶盆上人和鱼两种图案的组合反映了早期人类的渔猎生活，表现出人、鱼之间的密切关系，是研究早期人类生产生活方式的重要史料。

我是小小讲解员

西安半坡博物馆

半坡遗址揭示了距今约6000年的一处典型的新石器时代仰韶文化母系氏族聚落的社会组织、生产生活、经济形态、婚姻状况、风俗习惯、文化艺术等丰富的文化内涵。

西安半坡博物馆是中国第一座史前聚落遗址博物馆，收藏有石器、陶器、人骨标本、古生物化石和古人类化石标本等。遗址大厅内保存着原始村落的一部分，面积约3000平方米，有房屋、窖穴、圈栏及大围沟等遗迹，展示了原始村落的面貌，反映了半坡人的生产水平以及当时的社会性质和制度。

杨家沟是毛泽东转战陕北时期居住时间最长、从事革命活动最多的地方。在这里，召开了具有重要历史意义的“十二月会议”，开展了全国土地改革运动……杨家沟是中共中央转战陕北取得光辉胜利的标志点，也是离开陕北走向全国胜利的出发点。

4

5

渭华起义是西北地区发生最早、规模最大、影响最深的一次起义，也是继南昌起义、秋收起义和广州起义之后，全国最具影响的起义之一。它开创了工农革命军与农民运动相结合实行武装斗争的新形式，为创建陕甘革命根据地积累了宝贵经验。渭华起义纪念馆展现了这次起义的历史。

6

马栏革命旧址位于旬邑县马栏镇，现有中共关中地委旧址、习仲勋旧居、马栏革命纪念馆、烈士陵园等革命遗存共15处。马栏曾是陕甘边革命根据地的中心和重要活动地区之一，是延安的前沿哨所，是仁人志士和军需物资通往延安的重要驿站，是培养革命干部的摇篮。

7

子长革命烈士纪念馆是我国兴建较早的纪念馆之一，真实再现了陕北红军和苏区主要创建人之一——谢子长的革命活动事迹。

秦始皇兵马俑博物馆是在兵马俑坑原址上建立的遗址类博物馆，也是中国最大的古代军事博物馆，设有3个兵马俑坑展厅和铜车马展厅等。兵马俑是以俑代人殉葬的典型，体现了当时葬俗的变化。

工匠们正在制作真人大小的兵马俑

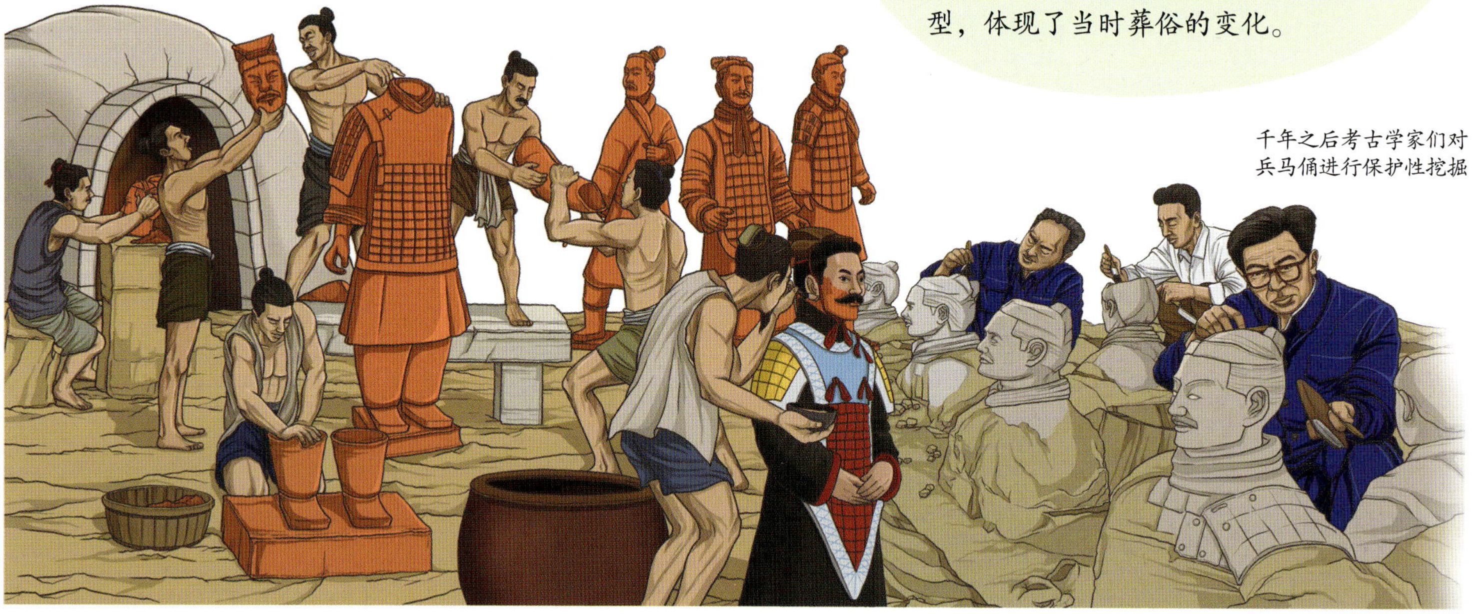

千年之后考古学家们对兵马俑进行保护性挖掘

走进人物

张骞

张骞，字子文，汉中郡成固（今陕西省汉中市城固县）人。公元前138年，张骞应汉武帝的诏令，率领100余人从长安出发，出使大月氏，期望联合大月氏夹击匈奴。他们刚进入河西地区（今甘肃境内），就遭遇了匈奴的攻击。张骞被拘为人质，但他始终不屈，于10余年后逃脱，继续西行至大月氏。但大月氏西迁已久，安居乐业，不愿再与匈奴打仗，张骞只好返回。归途中，张骞再次被匈奴抓住，扣留了1年多才得以逃出，回到阔别13年之久的长安。

公元前119年，汉朝为联合乌孙，派张骞再次出使西域。这次，张骞顺利地到达了乌孙，并派副使访问了康居、大宛、大夏等国。

虽然联合抗击匈奴的事没能实现，但张骞打通了汉朝通往西域的道路，对丝绸之路的开辟作出了卓越贡献。

历史再现

西安事变

1931年9月18日，日本关东军发动九一八事变。张学良和东北军执行蒋介石“攘外必先安内”的政策，没有抵抗就退入山海关内。

在中国共产党抗日民族统一战线政策的感召下，张学良数次面见或写信给蒋介石，反对继续“围剿”红军，要求联共抗日，均遭到蒋介石拒绝。蒋介石还迫令张学良、杨虎城立即将其军队全部开赴陕北“剿共”前线。

1936年12月12日，张学良、杨虎城在多次劝说蒋介石无果的情况下，扣押蒋介石，实行“兵谏”，逼其抗日。这就是震惊中外的“西安事变”。

西安事变发生后，中国共产党从全民族的利益出发，主张和平解决，联蒋抗日。经过中国共产党和各方面的努力，蒋介石被迫接受停止内战、联共抗日等条件。

西安事变的和平解决，基本结束了长达十年的内战，开始了国共两党的第二次合作，抗日民族统一战线初步形成。

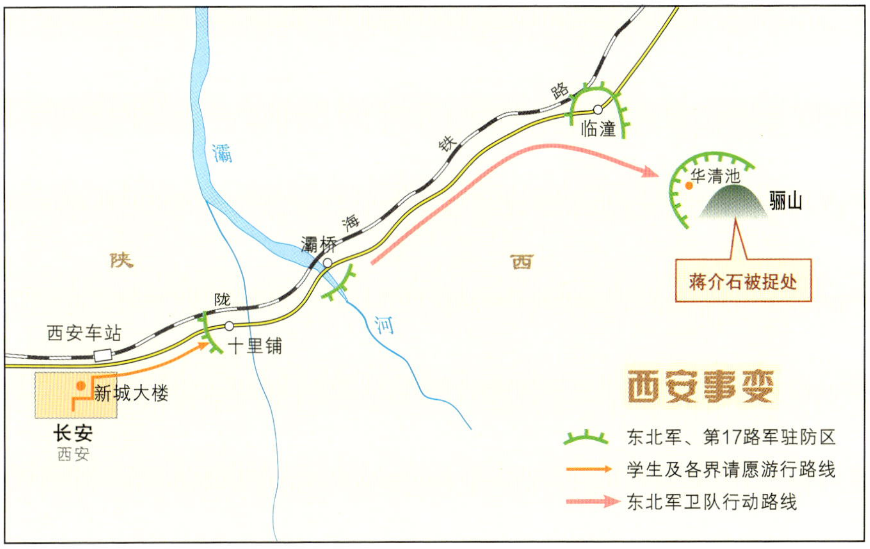

甘肃省

“逆境奋起挽危局，陇原处处响惊雷。”甘肃，在中国革命历史进程中发挥了不可替代的重要作用。这里是北伐战争时期北方最重要的革命根据地，是中国革命和工农红军走向胜利的重大决策地，是红军三大主力实现革命力量大团结的胜利会师地……

在甘肃这片革命热土上，一颗颗红色的革命火种，以星火燎原之势凝聚力量；一代代优秀共产党人，用生命和鲜血追求、践行革命信仰；一批批革命先烈浴血奋战，留下了光辉的足迹和故事……

数说甘肃

13 1936年10月下旬，红四方面军将士在甘肃靖远西渡黄河，深入河西走廊浴血奋战，仅牺牲的军级干部就有13名。

40 永昌县是一块红色革命的沃土。红西路军曾在这里浴血奋战40余天，建立了河西走廊第一个县级苏维埃政权和13个乡（村）级苏维埃政权。

3500 从1935年8月至1936年10月，红二十五军和红一、二、四方面军在甘肃征战长达一年半时间，活动范围覆盖近50个县，行程3500多千米。

4746 全民族抗战八年间，甘肃先后有36万余名青壮年参军参战，奔赴抗日战场，4746名陇原儿女血洒抗日疆场。

岷州会议否定了张国焘错误的“西进计划”，维护了党和红军的团结，为实现红军三大主力会师奠定了基础。

莫高窟又名“千佛洞”，位于敦煌市东南25千米处鸣沙山的崖壁上。莫高窟保存了大量精美壁画和塑像等，从各个方面生动地反映了当时人们的宗教信仰、社会生活、商贸往来、民族交往和中外经济文化交流，是世界上现存规模最大、保存最完好的佛教艺术宝库，与山西云冈石窟、河南龙门石窟并称为“中国三大石窟”。

玉门油田是我国第一个天然石油基地，最先开发的是老君庙油矿。玉门油田老君庙油矿旧址诉说着中国石油波澜壮阔的发展史，展示着铁人精神和玉门精神。

1935年9月27日召开的榜罗镇会议，确定将中共中央和红军长征的落脚点放在陕北，以陕北苏区作为领导中国革命的大本营。为纪念该会议，修建了中共中央政治局榜罗镇会议纪念馆。

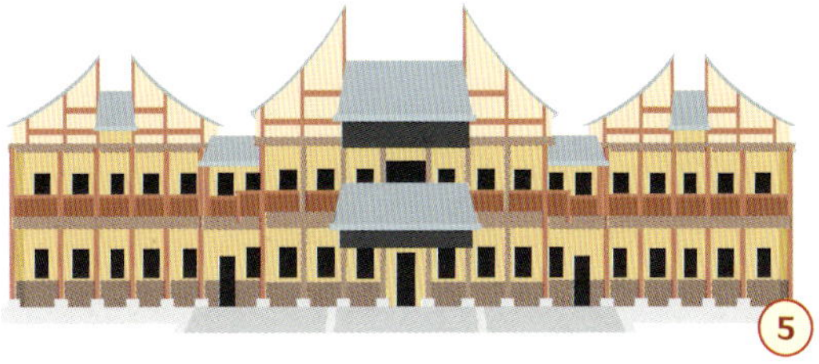

哈达铺是决定红军长征命运的重大决策地。宕昌县哈达铺红军长征纪念馆是甘肃境内规模最大、最全面、保存原貌最完整的中国工农红军长征革命纪念地。

我是小小讲解员

世界文化遗产——长城

长城是中国古代的军事防御工程，也是世界建筑史上的奇迹。长城东起辽宁丹东鸭绿江边，西达新疆天山之麓，长达万余千米。

长城凝聚了中国古代劳动人民的血汗，表现了中华民族自强不息的奋斗精神和众志成城、坚韧不屈的爱国情怀，已经成为中华民族的代表性符号和中华文明的重要象征。

长城修筑的历史

长城修筑的历史可上溯到公元前9世纪的西周时期。当时，周王朝曾筑连续排列的城堡“列城”以防御北方游牧民族俨狁的袭击。

公元前7世纪，楚国最早修筑长城。

公元前221年，秦始皇统一六国，为巩固统一，防御北方匈奴的侵扰，修筑了西起临洮，东到辽东的万里长城。

自秦始皇以后，凡是统治着中原地区的朝代，几乎都要修筑长城。明代是最后一个大规模修筑长城的朝代，我们今天所看到的长城，主要是明代修筑的。

长城的修筑历经十余个朝代，持续两千余年，是人类历史上修筑时间持续最久的建筑工程。

我是小小讲解员

两当兵变纪念馆

两当县城关镇南街20号，是一处普通的院落。三进三出，坐西朝东，祥和安宁。1932年4月2日，习仲勋等老一辈革命家在这里发动了“两当兵变”，唤醒了白色恐怖下的陕甘人民，鼓舞了群众的革命斗志，扩大了党和红军的政治影响。

两当兵变纪念馆由兵变旧址扩建而成，再现了两当兵变的历史面貌。纪念馆包括陈列室、兵变旧址、纪念碑、纪念墙等部分。进入纪念馆，两当兵变历史事件展、两当兵变精神传承展、两当兵变主要领导人习仲勋生平展尤为引人瞩目。

这里珍藏着珍贵的革命图片200余幅，重要革命文物50余件，包括战士们用过的大刀、铜雕罐、衣箱、茶壶、钟表、大铁锅、小竹凳、饭桶、方桌等，静静地为我们诉说着两当兵变的故事。

山城堡战役是三大主力红军会师后取得的第一次胜利。它的胜利，对巩固陕甘宁根据地、促进抗日民族统一战线的形成起到了重要作用。山城堡战役纪念馆展示了山城堡战役前后环县波澜壮阔的革命历程。

长城的防御工程体系

长城并不是一道单独的城墙，而是由城墙、敌楼、关城、墩堡、营城、卫所、镇城烽火台等多种防御工事所组成的一个完整的防御工程体系。

城墙是联系雄关、隘口、敌台等的纽带。城墙顶上，内侧设宇墙以防巡逻士兵跌落，外侧设垛口墙。垛口墙上部设有望口，下部有射洞和礌石孔，以观看敌情和射击、滚放礌石之用。

关城是长城防线上最为集中的防御据点，设置在有利防守的地形之处。

烽火台的作用是传递军情。传递的方法是白天燃烟，夜间举火。此外，它还为来往使节提供食宿、供应马匹粮秣等。

走进人物

路易·艾黎

1897年，路易·艾黎出生于新西兰坎特伯雷地区斯普林菲尔德小镇一个普通的教师家庭。

1927年，路易·艾黎来到中国，开始了与中国人民风雨同舟及为中国人民的解放和建设事业奋斗的60年。

他的一生为中国人民做过许多事：绥远发生旱灾时，艾黎利用假期去萨拉齐，帮助华洋义赈会修建旨在改善当地群众饮水条件的水渠；湖北发生水灾时，艾黎前往灾区抗洪救灾；1934年，艾黎加入上海第一个国际性的马克思主义学习小组，和中国共产党取得联系，他在上海的住所，成为中国共产党地下工作者秘密碰头和避难的地方；他在甘肃创办了山丹培黎学校，并推动其发展壮大；中华人民共和国成立后，艾黎继续以各种方式支持中国的建设。

1987年12月27日，艾黎在北京病逝。邓小平为他题词：伟大的国际主义战士永垂不朽。

会宁会师

1936年10月，红军三大主力在甘肃会宁会师，长征胜利结束。

中央红军到达吴起镇

1935年10月，红一方面军到达陕北吴起镇，胜利结束了中央红军的长征。

激战腊子口

1935年9月，红军攻占天险腊子口，粉碎了国民党企图阻止红军北上抗日的阴谋。

红军过草地

1935年8月，红军开始过草地。经过艰苦行军，终于走过了杳无人烟、一望无际的茫茫草地。

懋功会师

1935年6月，中央红军和红四方面军在懋功会师，壮大了红军的力量。

翻越夹金山

夹金山是中央红军翻越的第一座大雪山，终年积雪，陡峭险峻。1935年6月，中央红军征服了这座雪山。

强渡大渡河、飞夺泸定桥

1935年5月，中央红军强渡大渡河、飞夺泸定桥，彻底粉碎了蒋介石南追北堵借助大渡河天险把红军变成第二个石达开的美梦，为中央红军继续北上开辟了通道。

巧渡金沙江

1935年5月，中央红军渡过金沙江，跳出了敌人的重重包围。

四渡赤水

1935年1月至3月，毛泽东指挥红军声东击西，四渡赤水，打乱了敌人的“追剿”计划。

中国工农红军长征路线

（1934年10月—1936年10月）

中国工农红军长征

中央根据地第五次反“围剿”失败后，中央主力红军被迫进行战略大转移。

1934年10月，中共中央、中革军委率领中央红军8万余人从江西瑞金出发，开始长征。红军战士在物质极端匮乏、环境极其恶劣的困境中，跨急流、登雪山、穿草地、突封锁，走过了二万五千里长征路，粉碎了上百万敌军的围追堵截。

1935年10月，中共中央率领红一方面军到达陕甘革命根据地的吴起镇，与陕北红军胜利会师。1936年10月，红二方面军、红四方面军同红一方面军在甘肃会宁地区会师，宣告长征胜利结束。

红军长征的胜利，粉碎了国民党反动派消灭红军的企图，保存了党和红军的基干力量，使中国革命转危为安。

- **红军长征翻过的山：**主要有五岭山地的越城岭，云贵高原的苗岭、大娄山、乌蒙山，横断山脉东部的大雪山、夹金山、邛崃山以及岷山、六盘山等18座山。
- **红军长征中渡过的大河：**主要有贡水、信丰水、潇水、湘水、乌江、赤水河、金沙江、大渡河、小金川、渭水等24条。
- **各路红军长征总里程为六万五千余里**

红军长征

1934年10月，中央红军离开江西瑞金，开始长征。

遵义会议

1935年1月，中共中央在遵义召开政治局扩大会议，纠正了“左”的错误，开始确立以毛泽东为主要代表的马克思主义正确路线在中共中央的领导地位，挽救了党，挽救了红军，挽救了中国革命。

突破四道封锁线

国民党在江西赣县至湘江设置了四道封锁线，红军经过浴血奋战，突破了封锁线，但人员损失惨重。

青海省

位于青藏高原东北部的青海是长江、黄河、澜沧江的发源地，境内的三江源自然保护区有“中华水塔”之美誉。在这里，古代先民们繁衍生息，乐制彩陶；2万余名红军将士孤军作战，血染沙场；无数科技工作者呕心沥血，无私奉献，才有了“两弹一星”的人间奇迹。

数说青海

2、1 “两弹一星”是指核弹（原子弹与氢弹）、导弹和人造地球卫星。

23 1999年9月18日，国家授予于敏、王大珩、王希季、朱光亚、孙家栋、任新民、吴自良、陈芳允、陈能宽、杨嘉墀、周光召、钱学森、屠守锷、黄祎禄、程开甲、彭桓武、王淦昌、邓稼先、赵九章、姚桐斌、钱骥、钱三强、郭永怀23位科技专家“两弹一星”功勋奖章。为纪念“两弹一星”的伟大功绩和中国航天事业的伟大成就，国家自2016年起，将每年的4月24日设立为“中国航天日”。

2年8个月 从原子弹到氢弹，中国仅用了2年8个月的时间，而美国用了7年4个月，苏联用了4年，英国用了4年7个月。

1943 青藏公路总长1943千米，是世界上平均海拔最高、线路最长的柏油公路，开创了西藏现代公路交通运输事业的新纪元，是真正意义上的“天路”。

青海原子城是中国第一个核武器研制基地，先后研制成功了中国的第一颗原子弹和第一颗氢弹。

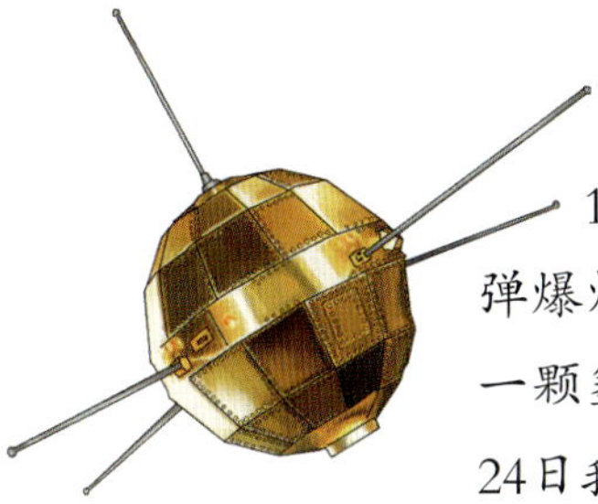

1964年10月16日我国第一颗原子弹爆炸成功，1967年6月17日我国第一颗氢弹空爆试验成功，1970年4月24日我国第一颗人造卫星发射成功。

中国工农红军西路军纪念馆陈列展出了在青海牺牲的5600余名中国工农红军西路军烈士的事迹，再现了西路军当年血战沙场的情景，全面反映了西路军的历史。

班玛县红军沟（原名子木达沟）革命遗址，是中国工农红军二万五千里长征经过青海果洛班玛、久治一带时留下的历史遗存。

宁夏回族自治区

宁夏是祖国西部的一块宝地，素有“塞上江南”的美誉，也根植着光荣的革命传统。1935年，毛泽东率领红军转战宁夏，留下了“单家集夜话”的红色佳话；1936年，红一、红二方面军在将台堡胜利会师……

在这里诞生的“不到长城非好汉”的革命精神等，是宁夏人民宝贵的精神财富，同时也向世人展现出“红军不怕远征难”的坚定信念，激励着我们不忘初心、牢记使命，为走好新时代长征路而奋勇拼搏。

数说宁夏

1 红军在宁夏建立了我国第一个县级回族自治政府——陕甘宁省豫海县回民自治政府。

13 “三北”防护林工程是世界上最大的植树造林工程，范围囊括了陕西、甘肃、宁夏、青海、新疆、山西、河北、北京、天津、内蒙古、辽宁、吉林、黑龙江等13个省（自治区、直辖市）。

18 六盘山是红军长征时翻越的第18座大山，也是最后一座大山，被称为“胜利之山”。毛泽东的《清平乐·六盘山》使其名扬海内外。

14 宁夏是一片有着光荣革命传统的红色土地。全区22个县（市、区）中，有14个属于陕甘宁革命老区。

固原六盘山长征纪念馆再现了红军长征3次经过六盘山区时的斗争历史以及六盘山儿女在长征精神的鼓舞下建设家园的情景。

“三北”防护林工程是指在中国三北地区（西北、华北和东北）建设的大型人工林业生态工程。“三北”防护林工程·中国防沙治沙博物馆全面介绍全国防沙治沙成就，集中展示“三北”防护林工程取得的巨大生态和经济社会效益，是宁夏乃至全国防沙治沙历程的“浓缩窗口”。

将台堡红军长征会师纪念碑高19.36米，寓意会师于1936年。碑的顶部雕刻三尊红军头像，象征三军会师。碑身下部有“战略大转移”“遵义大转折”等8幅浮雕，再现了红军长征的壮阔历史画卷。

盐池县是宁夏唯一经历过红军长征、抗日战争、解放战争时期的革命老区。盐池革命烈士纪念园从政治、经济、军事、文化等方面再现了盐池13年辉煌而曲折的革命历程。

新疆维吾尔自治区

巍巍天山，见证沧桑巨变；莽莽昆仑，涌动蓬勃生机。大美新疆，是一片充满红色记忆的土地，无数革命前辈和先烈用鲜血和生命铸就了一个个精神高地，树立了一座座红色丰碑。

以八路军驻新疆办事处纪念馆、三五九旅屯垦陈列馆等为代表的遗址展馆，清晰地展现出中国共产党带领新疆各族人民建立抗日民族统一战线、促进各项事业发展的伟大历程，也是党和人民历久弥新的精神财富。

数说新疆

1 克拉玛依一号井的发现，使克拉玛依油田成为中华人民共和国成立后发现和开发建设的第一个大油田。

40 伊吾保卫战是解放军入疆后最为壮烈的战斗之一，100多名将士誓死坚守伊吾40天的英雄事迹永留人们心中。

4000 红其拉甫哨所是我国海拔最高的边防哨所，平均海拔4000米左右，素有“雪域孤岛”和“西部天门”之称。一代代边防官兵克服气候恶劣、条件艰苦等困难，筑起了一道坚固的边关屏障。

5700 新疆5700多千米的边境线上有无数个边防哨所，犹如坚固的铜墙铁壁，守护着祖国大好河山。

“生在井冈山，长在南泥湾，转战数万里，屯垦在天山。”这是对三五九旅这支英雄部队成长发展历史的形象概括。三五九旅屯垦陈列馆再现了20世纪50年代以来新疆建设兵团军垦战士在塔里木屯垦戍边的艰苦历史。

②

库尔班·吐鲁木是全国劳动模范和民族团结的典范。20世纪50年代，为感恩中国共产党，库尔班大叔要骑毛驴上北京看望毛主席。后来，该故事被编入小学课本，还拍成电影，在全国流传。

新疆兵团军垦博物馆是全国唯一的一座以新中国屯垦戍边革命历史为主要陈列内容的博物馆，展现了一代又一代兵团人在开发建设新疆、增进民族团结、推进社会进步、巩固西北边防等方面作出的贡献。

①

毛泽民使用过的煤油炉

毛泽民故居全面展示了毛泽民同志光辉的一生，突出反映了毛泽民同志为新疆各族人民的解放事业立下的不可磨灭的功绩。

乌鲁木齐市烈士陵园是为纪念抗日战争时期牺牲在新疆的中国共产党创始人之一陈潭秋，以及毛泽民等革命烈士而修建的。

香港特别行政区

香港自古就是中国的领土。1842年，英国强迫清政府签订《南京条约》，割占香港岛。1860年，英国强迫清政府签订中英《北京条约》，割占九龙司地方一区。1898年，英国又迫使清政府签订《展拓香港界址专条》，强行租借九龙半岛深圳河以南、界限街以北的“新界”，租期为99年。

1984年12月19日，中英两国政府正式签署《中英关于香港问题的联合声明》。1997年7月1日，中国对香港恢复行使主权，中华人民共和国香港特别行政区正式成立。历经百年沧桑，香港终于回到祖国怀抱。

香港会议展览中心是世界最大的展览馆之一。1997年6月30日午夜至7月1日凌晨，中英两国政府在此举行了香港交接仪式，宣告中国对香港恢复行使主权。

澳门特别行政区

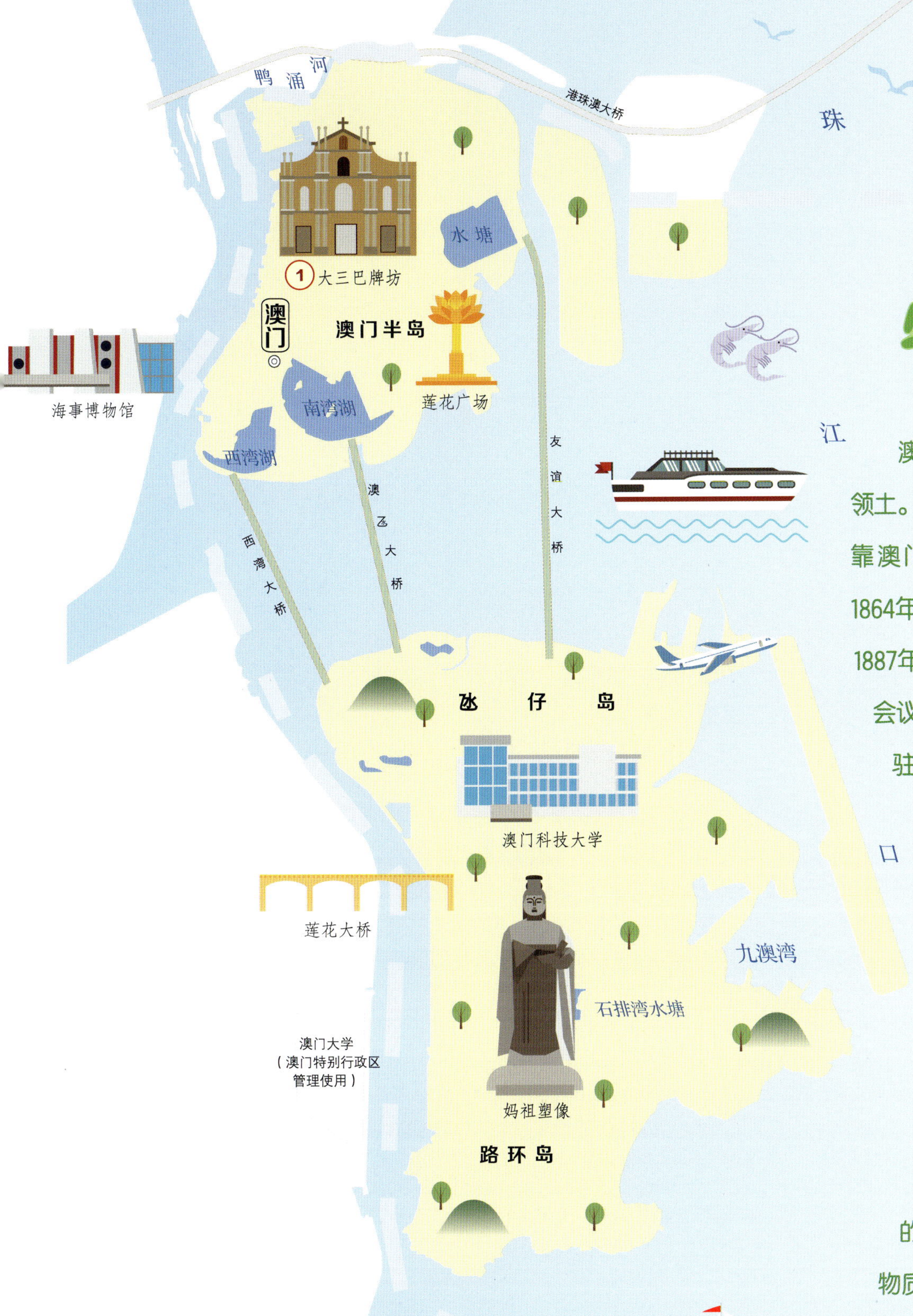

澳门位于珠江口西岸，自古以来就是中国的领土。1553年，葡萄牙人借口晾晒水浸货物得以停靠澳门，1557年开始在此长期居留。1848年至1864年，葡萄牙人先后侵占氹仔岛和路环岛等地。1887年，葡萄牙政府强迫清政府先后签订《中葡会议草约》和《中葡北京条约》，规定“葡国永驻管理澳门”。

澳门被葡萄牙侵占以后，葡萄牙人在澳门拥有特权或特殊地位，引起了澳门居民的不满。尤其是澳门总督亚马留上任后，推行疯狂的侵略政策。1849年，澳门志士沈志亮等人挺身而出，刺杀亚马留为民除害。此后，又发生了一系列澳门同胞对抗葡萄牙侵略者的事件。

抗战时期，澳门因葡萄牙当局所奉行的中立政策而未被日本占领，澳门同胞则在物质支持与精神声援上为祖国抗战作出了不可磨灭的贡献。

1987年4月13日，中葡两国政府正式签署《中葡关于澳门问题的联合声明》。1999年12月20日，中国对澳门恢复行使主权，中华人民共和国澳门特别行政区正式成立。

1

大三巴牌坊前身为保禄大教堂，后被大火焚毁，仅余下大三巴牌坊。大三巴牌坊是澳门的标志之一，也是澳门八景之一的“三巴圣迹”。

台湾省

台湾自古以来就是中国领土不可分割的一部分。回顾历史，这片土地见证了台湾同胞用鲜血和生命抵御外辱的悲壮历程。

1624年，荷兰殖民者侵占台湾南部，进行残酷统治，激起了台湾各族人民的多次反抗。两年后，西班牙殖民者入侵台湾北部，后荷兰取代西班牙占领此地。

1662年，郑成功率部成功驱逐荷兰侵略者，收复被其占据了38年的台湾。

1895年，日本强迫清政府签订不平等的《马关条约》，割占台湾全岛及所有附属各岛屿、澎湖列岛。台湾军民奋勇自救，抗击日本侵占，坚持战斗5个多月，使日本侵略者付出惨重代价。

1945年抗日战争胜利，台湾终于回到祖国怀抱。

台北故宫博物院收藏有来自清代北京故宫、沈阳故宫和原热河行宫等处旧藏之精华。精品馆内藏有翠玉白菜、毛公鼎、散氏盘、《快雪时晴帖》、《永乐大典》、《四库全书》等稀世珍品。

全国爱国主义教育示范基地统计表

（港、澳、台资料暂缺）

批次 区域	第一批	第二批	第三批	第四批	第五批	第六批	第七批	合计
北京市	9	5	1	3	0	11	13	42
天津市	1	4	1	2	0	0	2	10
河北省	6	5	4	3	0	1	2	21
山西省	3	5	4	3	0	1	1	17
内蒙古自治区	1	1	1	3	1	0	2	9
辽宁省	5	5	4	3	0	0	4	21
吉林省	1	3	2	3	0	0	2	11
黑龙江省	4	2	2	4	0	1	3	16
上海市	4	4	1	2	0	0	3	14
江苏省	7	4	5	3	0	4	8	31
浙江省	5	3	1	3	1	1	4	18
安徽省	1	4	1	3	3	0	2	14
福建省	5	5	2	3	3	1	3	22
江西省	4	5	2	3	2	2	3	21
山东省	4	5	4	4	0	1	3	21
河南省	3	2	4	2	2	4	5	22
湖北省	5	3	5	4	4	1	3	25
湖南省	3	7	5	4	3	2	9	33
广东省	4	3	3	2	0	1	4	17
广西壮族自治区	2	3	2	0	0	3	2	12
海南省	1	2	1	1	0	0	2	7
重庆市	3	3	1	2	0	1	2	12
四川省	5	7	2	4	5	0	2	25
贵州省	1	2	2	3	6	2	2	18
云南省	1	1	3	3	0	1	2	11
西藏自治区	2	0	0	2	0	0	5	9
陕西省	7	1	0	3	6	0	2	19
甘肃省	3	5	0	5	2	0	6	21
青海省	1	0	1	2	1	0	3	8
宁夏回族自治区	1	0	1	2	1	1	2	8
新疆维吾尔自治区	1	1	1	2	0	0	6	11
新疆生产建设兵团					1			1
国家体育总局				1				1

在中华民族几千年绵延发展的历史长河中，爱国主义始终是激昂的主旋律，始终是激励我国各族人民自强不息的强大力量。

抓好爱国主义教育这一课，把爱我中华的种子埋入每个孩子的心灵深处，让社会主义核心价值观在祖国下一代的心田中生根发芽。